# পিতৃ তর্পণ

কলমে - স্বরূপ কয়াল

সম্পাদনা - শান্তনু দাস

প্রথম প্রকাশ :- মার্চ মাস ২০২৩ সাল
বইয়ের নাম :- পিতৃ তর্পণ
শ্রেণী ও বিষয় :- কাব্যগ্রন্থ
লেখক :- স্বরূপ কয়াল
সম্পাদনা :- শান্তনু দাস

প্রকাশনায় :- টিউলিপ প্রকাশনী
ইমেইল :- santanu.presi@gmail.com
ঠিকানা :- ওয়ার্ড - ২, সিউড়ি সমন্বয় পল্লী, বীরভূম, ৭৩১১০১

মুদ্রণে :- Notionpress
ঠিকানা :- No. 50, Chettiyar Agaram Main Road, Vanagaram, Chennai, Tamilnadu, 600095

প্রচ্ছদ শিল্পী :- শান্তনু দাস
গ্রন্থ স্বত্ব :- স্বরূপ কয়াল

## *** উৎসর্গ ***

আমার লেখা " পিতৃ তর্পণ " কাব্যগ্রন্থটি
আমি আমার স্বর্গীয় পিতা এবং
সমস্ত পাঠকগনের উদ্দেশ্যে
উৎসর্গ করলাম।

## *** গ্রন্থ পরিচয় ***

আমার মনের ভাব, আবেগ ও ভাষাকে
ছন্দদানের দ্বারা সৃষ্ট কিছু কবিতা সমষ্টি নিয়ে
প্রকাশিত আমার কাব্যগ্রন্থ " পিতৃ তর্পণ " ।

## *** কবি পরিচিতি ***

নাম - স্বরূপ কয়াল,
পিতা - স্বর্গীয় গৌতম কয়াল,
মাতা - তন্দ্রা কয়াল,
স্ত্রী - সুপর্না কয়াল,
কন্যা - প্রিয়া কয়াল,

গ্রাম ও পোস্ট - আমিড়া,
থানা - ডায়মন্ড হারবার,
ব্লক - ডায়মন্ড হারবার - II,
জেলা - দক্ষিন 24 পরগনা ,
পিন - 743368 (পশ্চিমবঙ্গ ),

জন্ম - 29/07/1987 (ইং),
শিক্ষা - ইংরাজীতে স্নাতকোত্তর,
জীবিকা - রাজ্য সরকারী কর্মচারী,
শখ - লেখালেখি,

ই - মেল - swarupkayal46@gmail.com
ফোন নং - 7029691262 .

# *** সূচিপত্র ***

# = ঘৃণা =

ভুলিয়া বিবেক বোধ ,
ঘৃণা চায় প্রতিশোধ ,
মিটাইতে মনের ক্রোধ।
কোন্দলে মাতামাতি ,
দ্বি-প্রহরে হলো রাতি।
নিভন্ত আঁধার বাতি।
বাক্যে মধুহীন ,
হিংসায় কাটে দিন।
সাথীহীন একাকী জীবন।
অন্তিমে লাগে সবই অকারণ ॥
তবে ততদিনে ,
সবাই গেছে চিনে ,
চারিপাশের ব্যক্তিবর্গ।
নিজেই ভেঙেছো সুখের স্বর্গ ,
ক্রোধের উন্মত্ত হয়ে ,
ছিনিয়ে নেওয়ার মোহে।

# = ফিসফিস =

আয় বলি কানে কানে ,
এ কথা সবাই জানে ,
দেওয়ালেরও কান আছে।
আয় দেখি আরো কাছে ,
অনেক কিছুই বলার আছে।
শুনলাম গোবিন্দর মেয়ে নাকি হাওয়া !
সেটাই তোর কাছে একটু জানতে চাওয়া।
বলি, ছেলেটা কে রে ?
গোবিন্দর হাল এখন কেমন আছে রে ?
সন্ধান পেলে বোধহয় ফেলবে মেরে।
একে তো রাগীতলা ,
তার ওপর দেখেছে কাঁচ কলা।
এখন ওর কাছে গিয়ে, এসব কথা যাবে না বলা।
তুইতো পাশের বাড়িতেই থাকিস।
একটু খবর রাখিস ,
কি হচ্ছে না হচ্ছে , আরো নানান সতেরো কেচ্ছা।
লাভ কিছু নেই তবু জানার হয় ইচ্ছা।
পরের ঘরে মেরে উঁকি ,
মন যে হয় কত সুখী ,
বলবো তোরে কি আর।
পর নিন্দা পর চর্চা - এটাই মনের খাবার।

## = শিক্ষিত বুঝদার =

ছেলেটির নাম সৌগত রায়।
চাকরি করে বহুজাতিক সংস্থায়।
ইঞ্জিনিয়ার, মোটা টাকা বেতন পায়।
গাড়ি পেয়েছে, ফ্ল্যাট পেয়েছে ,
মোদ্দাকথা পেয়েছে সবই, যা কিছু চেয়েছে।
এই কয়েকদিন আগে বিয়ে হয়েছে,
মেয়ে শহুরে।
স্বামী স্ত্রী এখন কলকাতায় রয়েছে ,
গ্রাম হতে অনেক দূরে।
গ্রামে কেউ থাকে নাকি !
ভোরবেলা ঘুম ভাঙিয়ে দেয় পাখি।
অকারনে সারাদিন করে ডাকাডাকি।
ধুলো কাদা বালি ,
ওরা অশিক্ষিত কাঙালী।
গার্ডেনারকে বলে মালি।
ইদানিং বাবা-মাকেও করছে অবহেলা।
সময় থাকে না, তাদের দেখতে আসার বেলা।
ছয় মাস হয়ে গেল ফেরেনি ঘরে।
বাবা - মা জানতে চাইলে , শুধু বলে, পরে, পরে।
এখন যে সে আর নেই গ্রামের হাবু ।
এখন যে সে শিক্ষিত শহুরে বাবু ,
কোট-প্যান্ট- বুট পরা।
ইট -কাঠ-পাথরে তার জীবন হয়েছে গড়া।

# = সরকারি চাকরি =

শুনছো, বেলা বোস ?
আমায় আর তুমি দিতে পারবে না দোষ।
আমিও এখন স্থায়ী কর্মচারী।
চাকরি আমি পেয়ে গেছি সরকারি।
সত্যিই, এটা ছিল খুব দরকারি।
বলে দিও তোমার বাবার কাছে।
আমার কাছেও এখন চাকরি আছে।
পাড়ায় পাড়ায় হচ্ছে একশো দিনের কাজ।
এইতো, পঞ্চায়েতে গিয়ে ফটো তুলে এলাম আজ।
আর কদিন বাদেই কার্ডটি পেয়ে যাব হাতে।
না, না, ভয় পেয়ো না, কোন সন্দেহ নেই তাতে।
দুজনের ঠিক চলে যাবে দুধে ভাতে।
ছোটাছুটি করার পরে , নয় মাস ধরে ,
শেষে চাকরিটা ওরা , যেচেই দিল মোরে।
তোমার বাবাকে বলে দিও ,
সরকারি চাকুরে এখন আমিও।
সরকারি খাতায় উঠে গেছে আমার নাম।
তোমার বাবা বুঝবে এবার পাত্রের কি দাম !
বেশি কথা কইবো না, আজ আর।
প্রস্তুতি নিচ্ছি তোমার বাড়িতে যাবার।
এখন আমিও, সমানে সমান তোমার বাবার ।।

# = সব সত্যি হয় না =

তুই তো ভাই, হেভি জায়গায় চাকরি করিস !
কত্ত বড় বিল্ডিং, আসতে যেতে লিফ্ট চড়িস।
কি সাজানো অফিস !
কিন্তু তোরা কি ভাই খবর রাখিস ?
বেতন কত আমার ?
তোরা শুধু রঙটা দেখলি জামার ,
আর আর প্যান্ট -কোট -টাই ,
ও সব তো লোক দেখানো ভাই !
চাকচিক্য সবই আছে, কম শুধু বেতনটাই।
গিয়ে দেখ্ ভেঙে গেছে নিজের বাড়িটাই।
আসলে তোরা যা দেখিস, সবটাই লোক দেখানো ,
প্রশিক্ষণকালে ওইসব কিছুই হয়েছে শেখানো।
খরিদ্দার হবে টানতে।
মনের দুঃখটা কেউ যেন না পারে জানতে।
কি কষ্ট হচ্ছে মানতে ?
সবাই সঙ , ছড়িয়ে আছে পৃথিবীর নানান প্রান্তে।
আরও কাছে আসতে হবে, আমাকে জানতে।
আমরা বাস করি এক রঙিন দুনিয়ায়।
দিনের শেষে বাড়ি ফিরে, স্বপ্ন ভেঙে যায়।

# = ভাবছি =

চারিদিকে ওদের কী সুন্দর জয়জয়কার।
আমিও খুঁজে চলেছি সাহিত্য মহলের দ্বার।
কিন্তু অভিজ্ঞতার অভাবে আসছে না সেই ধার।
লিখছি বটে, তবে সেগুলো যেন প্রানহীন অসাড়।
হাল ছাড়িনি, যদিও ব্যর্থতার সম্মুখীন বারংবার।
তোমরা কী বলছো, মেনে নেব হার ?
নাকি সুযোগ নেব আর একবার।
বারেবারে একটাই প্রশ্নে আহত।
আমার কবিতা কী পড়ার মত ?
নাকি খেলনাবাটি খেলা ,
নিছকই করছি সারাবেলা।
মন তো চায়, ডুবে যেতে কবিতার।
কিছু  রেখে যেতে সাহিত্যের আঙীনায়।
বন্ধু -বান্ধব, যারা আমায় ভালোবাসে ,
ওদের নিকট হতে মূলত উৎসাহ আসে।
কিন্তু আদৌ কী লেখাগুলো সর্বজন গ্রাহ্য ?
নাকি ধুলোর ধুলিকণায় ঢেকে মোর রাজ্য  ।
এইসব নানান চিন্তায় মন অস্থির, চঞ্চল।
আদৌ কী পাইবো পাঠকের হৃদ- অঞ্চল ?

## = কার্য-কারণ সম্পর্ক =

ঠেলায় না পড়লে বিড়াল, গাছে ওঠে না।
মধ্যবিত্ত না খাটিলে, খাবার জোটে না।
রাত কেটে ভোর না হলে, ফুল ফোটে না।
নেতা ছাড়া এদেশে কেউ, ভাগ লোটে না।
পুলিশ মামু না দেখিলে চোর ছোটে না।
ম্যাচ খাওয়া মুরগীটা ভাই, খাবার খোঁটে না।
কার্য-কারণ সম্পর্কতে ঘুরছে পৃথিবী বনবন।
ফাঁকা মাঠে বায়ু যেমন ছোটে শনশন্।
চাবুক না মারলে পরে, ছোটে না রেসের ঘোড়া।
সবই বুঝি , সবই জানি, তবু অলস মোরা।
চুরি না গেলে পরে ;
খিল মোরা দিই না ঘরে।
নাড়া আবার বেলতলাতে ;
জব্দ না হয় কান মোলাতে।
বারবার একই ভুল ;
গুনতে হচ্ছে আবার মাশুল।
বোঝে না মানুষ সুযোগ পেয়েও ;
অবুঝ বুঝি পশুর চেয়েও।

# = ভন্ড ধর্ম্মগুরু =

তোমাদের চিনি, তোমরা ভন্ড ধর্মগুরু।
এই পৃথিবীর বুকে,
তোমরাই করেছিলে ভেদাভেদের শুরু।
মানুষ তখন ছিল বেশ সুখে ,
গোষ্ঠীবদ্ধ , জোট বাঁধতো একে অপরের দুঃখে।
যে ঐক্য গড়ে উঠেছিল তিলে তিলে ,
নিমেষে তোমরা ভাগ করে দিলে।
তোমরা কয়েকজন মিলে ,
মানুষকে বানালে হিন্দু- মুসলমান -খ্রিস্টান।
একই রক্ত , একই প্রাণ ;
তবু তোমাদের অবদানে ,
এরা নিজেদেরকে পৃথক বলে জানে।
পৃথিবী আজ শত খন্ডিত তোমাদেরই বরদানে।
যে বিষ মন্ত্র ঢুকিয়ে দিয়েছো কানে ,
আজ তার দূরীকরণ অসম্ভব।
সুন্দর পরিবেশ নষ্ট করে দিয়েছো সব।
শাসনতন্ত্র করিতে কুক্ষিগত ,
শত নিরপরাধকে করেছো আহত ,
মানব আর নেই মানবজাত।
বোধহয় রাজনীতির মত ,
একই সমাজ শত ধর্মে বিভক্ত।
বহু রঙে রেঙেছে মানব রক্ত ।।

# = বর্তমান অবস্থা =

বর্তমান রাজনৈতিক প্রেক্ষাপটে ,
আমরা বেঁচে আছি বটে ,
কিন্তু সত্যি কি বেঁচে আছি ?
যেন খেলা এক কানামাছি।
হাতড়ে বেড়াচ্ছি।
ধর্মীয় শোষণে , রাজনৈতিক তোষণে ,
উদগ্রীব একটু শান্তি অন্বেষণে।
অত্যাচার চালাচ্ছে এক বিশেষ সম্প্রদায়।
সাহস কোথায় পায় ?
বিশেষ এক রাজনৈতিক দলের ছত্রছায়ায় ,
ইচ্ছে মতো গাজোয়ারী, মন যা চায়।
সত্যিই বেঁচে থাকা দায়।
যদি কেউ প্রমাণ চায় ,
আসতে বলো আমাদের গাঁয়।
গাছ আছে, ফলে নাই অধিকার।
প্রতিবাদে জোটে মার।
গৃহ দুয়ারে বসে রয়েছি প্রতীক্ষায়।
দেখি ওরা কখন এসে,
সব তছনছ করে দিয়ে যায়।
সর্বোপরি, সবশেষে ,
অভিযোগ জানাবো কোথায় ?
ওরা যে রয়েছে রাজনৈতিক ছত্রছায়ায়।
বাধ্য হয়েই তাই সইতে হচ্ছে এই জুলুমবাজি।
মাঝ দরিয়ায়, ঝড়ের মুখে যেন অসহায় মাঝি।
প্রাণের ভয়ে তবু মুখ খুলতে মোরা নিমরাজি ।।

# = সময় থাকতে বুঝিনি =

ছাত্রাবস্থায় , মন ছিল না লেখাপড়ায়।
সময় যখন গেল গড়ায় ,
বুঝলাম তার মর্ম।
এ আমার কেন, সব ছেলেরই ধর্ম।
তখন ছিল ফাঁকিবাজ।
তাই গাড্ডায় পড়ে রয়েছি আজ।
মাঠে - ঘাটে করছি কাজ।
যখন কেউ স্যুট - বুট পরে ,
গাড়ি চড়ে যায় শহরে ,
ইংরেজীতে কথা বলে ,
চোখের সামনে যদি দেখি তাহলে ,
হিংসায় আমার বুকটা জ্বলে।
তবে আমি যে বেশির ভাগের দলে।
ও যে ব্যতিক্রম।
ওদের সংখ্যাটাও কম।
আমরা যে লাস্ট বেঞ্চের ছাত্র।
আর ও ভালো ছেলে,
পড়ত দিবা - রাত্র।
আর আমরা সময় পেলে,
সবে মিলে সময় কাটাতাম খেলে।
বুঝিনি সময় থাকতে।
বাবা -মা ক্লান্ত ডাকতে ডাকতে ,

আয় বাবা পড়ে নে।
কখনো বা টেনে কোলে ,
মিষ্টি - মধুর কথা বোলে,
আবার ভালবেসে কাজ না হলে ,
জুটতো বেদম মার।
কিন্তু কথা শোনে কে কার !
কাটলো সময় ফাঁকি মেরে,
মাঝপথে দিলাম ছেড়ে,
চোখের বিষ - লেখাপড়া।
সব শেষ, সাধের স্বপ্ন রয়ে গেল অধরা।
এখন পদে পদে হোঁচট খাচ্ছি ,
আর ঘরে বসে হাত কামড়াচ্ছি।
কিন্তু এখন কিই বা আর করা যাবে।
শুধরে যাও, না তো আমার মত সবই হারাবে ।।

# = প্রতীক্ষার অবসান =

আজ বহুদিন বাদে হইল প্রতীক্ষা অবসান।
তোমার ঘ্রানে ব্যাকুল প্রান।
আসবে বলে করেছো প্রতিশ্রুতি প্রদান।
জানি, তুমি কথা রাখবে।
জানি, বেশ কিছুক্ষণ থাকবে।
বাস্পীভূত আজ পুরানো যত জমানো অভিমান।
আজ নতুনের দেশে অভিযান।
এতদিন ধরে চেষ্টা করেও আপ্রান ,
যেটা পারিনি মেটাতে ,
আজ মাটি চাপা পড়তে চলেছে সেটাতে।
আবার তুমি বলবে কথা, ভাঙিয়া নীরবতা।
দূরীভূত হবে সম্পর্কের পুরানো জটিলতা।
আবার তুমি হবে, আমার সাথে খোলামেলা।
আজ ছাড়বো না, কাটাবো সময় সারাবেলা।
আজ অফিস থেকে ছুটি নিয়েছি।
স্যার কে বলে দিয়েছি ,
আজ পারবো না আমি অফিসে যেতে।
আজ সারাদিন,
তোমার আবেশে থাকবো আমি মেতে।
আজ সারাদিন ,
কাটাবো আমার মাঝে তোমায় খুঁজে পেতে।
মনটা তবু খানিকটা হলেও ব্যাকুল।
আবার যদি হয় পুরানো সেই ভুল !

# = তোমাতে আমাতে তফাৎ =

তুমি লোভী অর্থ চিন্তায় মগ্ন।
অত্যাচারী, চরিত্রহীন নগ্ন।
বিশাল রাজ প্রাসাদ, অর্থ বিছানো ঘাট।
তুমি সামলাও সুবিশাল রাজ্যপাট।
তুমি রাজা ; তুমি দিতে পারো সাজা।
সেই অধিকার তোমার আছে।
কেই বা জবাব চাইবে তোমার কাছে ?
তুমি ব্যস্ত সারাক্ষন।
অর্থ চিন্তায় থাক মগন।
আমি কিন্তু ওসব বুঝি না।
অর্থের মাঝে সুখ খুঁজি না৷
আমার জগতটা একটু আলাদা।
অর্থাভাবে প্রতিনিয়ত পাই বাধা।
কিন্তু যখন প্রকৃতি ডাকে হাত বাড়িয়ে ,
অর্থ চিন্তা ভুলে সহজেই যাই হারিয়ে।
আমি যে কবি।
আমার কাছে ছন্দ বাদে মূল্যহীন যেন সবই।
তুমি আমি সদাই চিন্তিত দিনে রাতে।
না, কোন সন্দেহ নেই তাতে।
তোমার চিন্তা টাকা ,
আর আমার চিন্তা ছন্দে বেঁচে থাকা।
দু,জনেই মানুষ তবে তফাৎ বিস্তর।
অর্থ ছাড়া সবাই তোমার পর ,
আর প্রকৃতির টানে আমি ছেড়েছি ঘর ৷৷

# = নদীর ধারে স্যাওড়া গাছে =

নদীর ধারে স্যাওড়া গাছে ,
ভয়ানক এক ডায়নি আছে।
যেই যায় চাপে তারে।
সড়াৎ করে ওঠে ঘাড়ে।
ঘাড় মটকে রক্ত খায়।
ঘুঙুর আছে তার পায় ,
ঝমঝম বাজে।
বহুরূপী ডায়নী নানান রূপে সাজে।
ঐ পথে গেলে কাজে ,
দেরি তুমি করো না যে।
একবার ফেললে দেখে ,
আসবে নেমে গাছে থেকে ,
মটকে দেবে ঘাড়।
ঐ পথে যেতে তাই, করছি মানা বারবার ॥

# = বলা হলো না =

তোমার কাছে অনেক কিছু বলার আমার ছিল ,
মাঝপথে তোমার দাদা হঠাৎ বাধা দিল।
জানি না, কোথায় খবর পেয়ে আমারে ধমকিলো।
রকে আমি বসেছিলাম হাতে গোলাপ নিয়ে।
ভেবেছিলাম বলবো তোমায়, গেলে রাস্তা দিয়ে।
তুমি রাজি হলে, প্রস্তাব দিতাম বাড়ি গিয়ে।
কিন্তু হঠাৎ কোথা থেকে তোমার দাদা হইলো উদয়।
প্রথম এসে জিজ্ঞাসিল আমার পরিচয়।
তোমার যে এক দাদা আছে, জানা ছিল না।
প্রথমবার এসে কাছে, ধরা দিল না।
সব কিছু বলে দিলাম, আমি কলার তুলে।
প্রথম ঘা পড়লো তখন , সাধের গোলাপ ফুলে।
আমিও তখন স্বর উঁচিয়ে, গেলাম যখন তেড়ে।
বুঝিয়ে দিল তোমার দাদা কিল চড় মেরে।
সঙ্গে ছিল আরো অনেকে।
ধরল চেপে পিছন থেকে।
বন্ধুরা সব পালিয়ে গেল, এসব কিছু দেখে।
চেয়ে চেয়ে দেখল সবাই।
পালিয়ে যাওয়ার উপায় যে নাই।
হাসছে ওরা আমার হালে ,
ভালোবাসা গাছের ডালে ,
গুমরে কেঁদে মরে।
খুঁড়িয়ে খুঁড়িয়ে এলাম ঘরে।
নাক মোলছি ,কান মোলছি , আর যাব না ঐ পথে।
যতই তুমি ডাকো না কেন ,যাবো না কোন মতে।

# = চলল ভোলা =

বাজে তখন বারোটা বেলা ,
হঠাৎ করে চলল ভোলা ,
দেখবে বলে বইমেলা।
কাঁধে নিয়ে চটের ঝোলা ,
একা একাই চলল ভোলা ,
ওই সুদূর কোলকাতা।
ঘুরে ঘুরে দেখার তরে ,
হরেক বইয়ের পাতা।
বই প্রেমী বই পড়ে।
নিজে থেকেই বন্দী ঘরে।
আজ অনেক দিনের পরে,
ঘর ছেড়ে সে বেরিয়েছে।
বইয়ের টানে গৃহ গন্ডী সে পেরিয়েছে।
বই ছাড়া সে কিছু বোঝে না।
হারিয়ে গেলে নিজেকেও খোঁজে না।
বিয়ের প্রতি তার এতটাই অনুরাগ ,
মনটা কিছুতেই মানল না বাগ।
যখন কেহ নাহি সঙ্গ দিল ,
একা একাই বেরিয়ে পড়িল।
সঙ্গে শুধু ঝোলাটা সে নিল।।

# = ঘোর কলিযুগ =

কলিযুগ ভাই ঘোর ,
লালন পালন করিলে যারে জীবন ভোর,
বৃদ্ধ বয়সে এসে তারই হাতে খাচ্ছ মারধোর।
যারে নয় মাস ধরেছিলে পেটে,
কত বিনিদ্র রজনী গেছে কেটে ,
যাকে জন্ম দিতে গিয়ে ,
হয়েছিল তোমার জীবন সংশয়।
গর্ব করতে যারে নিয়ে ,
সেই ছেলেই এখন তোমার নিজের নয়।
ভয় পেলে , যে ছেলে ,
তোমার আঁচল তলে আশ্রয় নিত ,
দুঃখ গুলো সেখান থেকেই মেলে ,
সেই ছেলের সংসারে তুমি এখন অবাঞ্ছিত।
তুমি যে মা, সব ভুল করিলে ক্ষমা।
তবে বিধির কাছে হচ্ছে সবই জমা ,
ঐ ছেলের যত পাপ।
তুমি হয়তো দেবে না অভিশাপ ,
কিন্তু অন্তিমে সবারই একই পরিনতি।
তখন অনুতাপে হবে না মোদের গতি।

## = বিকল্প =

বললে, তুমি হয়তো বলবে গল্প।
লক্ষ্য করে দেখবে, আমি কিন্তু ভাবি খুবই স্বল্প।
একটি পথ বন্ধ হলে অবশ্যই আছে তার বিকল্প।
মানব জীবনের সমস্যা যেমন আছে ,
ভগবান অবশ্যই তার সমাধান দিয়াছে।
তবে কেন এত চিন্তা করো।
অল্প ঝড়ে কেন ভেঙে পড়ো।
আরে একটা পথ বন্ধ তো অন্য পথ ধরো।
ভগবান ভাগ্য লিখেছেন ঠিক ,
তবে তুমি একটু তো চেষ্টা করো।
একটি পথ বন্ধ হলেও খোলা আছে চতুর্দিক।
সমালোচনা যতই তোমার মন ভেঙে দিক ,
নিজের বিচারে থাকো অবিচল।
ওটাই যোগাবে তোমায় মানসিক বল।
বিকল্প রাস্তা তোমাকেই খুঁজতে হবে।
দিনের শেষে বিজেতা হবে তুমি তবে।
চলতে চলতে কভু যদি হোঁচট খেয়ে পড়ো ,
উঠে পড়ে আবার না হয় শুরু থেকে শুরু করো।
ঠকতে ঠকতে একদিন বুঝতে শিখে যাবে।
কুয়াশার মাঝেও পথ খুঁজে পাবে।।

## = হ্যাঁরে গোপাল =

এদিকে আয় দেখি গোপাল ,
তোর গালটা , কেমন যেন ঠেকছে লাল লাল।
কোথাও করেছিস কি মারামারি ?
নাকি খেয়েছিস জুতোর বাড়ি।
মেলায় গিয়ে কি টেনেছিলি শাড়ি ?
নাকি কোন সুন্দরী যুবতীকে মেরেছিলি চোখ ,
তাই দেখে বুঝি, ধোলাই করিল আশেপাশের লোক।
হ্যাঁ , এতো স্পষ্ট চারটে আঙুলের দাগ।
কেউ বুঝি মিটিয়েছে রাগ ,
গালের উপর মারিয়া চড়- থাপ্পড়।
সন্দেহটা আরো ঘনীভূত হচ্ছে মোর।
জানি মেয়ে দেখলেই ,
বদ অভ্যাসগুলো জেগে ওঠে তোর।
আমার তো ভাই সন্দেহ নেই ,
অনর্থ আজ কিছু একটা ঘটেছিল ঘোর।
আমি নিশ্চিত ,প্যাঁদানি খেয়েছিস খুব জোর।
নমুনা আগেও তো দেখেছি আমি স্বচক্ষে।
যাক বেশি কিছু বলে,
লজ্জিত করবো না জনসমক্ষে।
তবে এইভাবে যদি চলে ,
সামলানো দয় হবে তোর পক্ষে।
এবার শুধরে যা, বয়সের সাথে সাথে।
না তো কোন দিন ঘোরাবে পরিয়ে চুড়ি হাতে।
আর চালিয়ে যেতে পারিস, যদি লজ্জা না পাস তাতে।

# = গুপ্তধন =

রাজতন্ত্র হয়তো হয়েছে বিলুপ্ত ,
পৃথিবীর বুকে আজও ধন আছে গুপ্ত।
মনগড়া কাহিনী আছে বর্তমান ,
আজও তার ক্ষুদ্রভাগের মেলেনি সন্ধান।
কেউ বলে বনের মাঝে বৃক্ষতলে।
কেউ বলে যমুনা তীরে ঘোলা জলে।
জমিদার বাড়ির মাটির নীচের ঘরে ,
সবাই বলে রাখা আছে যতটুকু ধরে।
যতীন বাবুর পরে ,
খোঁজ পায়নি কেহ আর।
আজও হল না, তাহা উদ্ধার।
রাজবাড়ীর দেওয়ালের পাঁজরে ,
মোহর রেখেছিলেন ঘড়া ভর্তি করে ,
ধর বংশের রাজা শ্রীমান চন্দ্র ধর।
খুঁজে খুঁজে ফিরে গেছে কত গুপ্তচর !
আরও কত কাহিনী শুনেছি ছোটবেলা থেকে।
কত রাজা শত সম্পদ গোপনে গেছেন রেখে।
বর্তমানে সেগুলো সব হইলে উদ্ধার ,
মোদের ভারত , গরীব দেশ রইবে না গো আর ॥

# = মুখোশধারী মানব =

মানব আজ মানবতা ছাড়ি ,
সেজেছে দানব মুখোশধারী।
কেমনে বল সইতে পারি ,
মানুষ যদি হয় অত্যাচারী ,
নৃশংস পশুর ন্যায়।
সবল দুর্বলের সব কিছু কাড়ি ,
রাস্তায় ফেলে দেয়।
অসহায় শিশু ও অসহায় নারী ,
মুখ চেপে কাঁদে বেদনায়।
নিয়তির কাছে নত শিরে হারি ,
বিধির কাছে ওরা অভিযোগ জানায়।
নগ্ন করেছে ওদের মানব রূপী পশুর দল।
যে বিধাতা ওদের শেষ সম্বল ,
তিনিও বোধহয় নিয়েছেন মুখ ফিরায়ে।
কালো মেঘে ঢাকা বিপদ নাড়ছে কড়া ,
আসছে পায়ে পায়ে।
ওদের জীবন দুঃখে ভরা, বেদনায় গড়া ,
মৃত্যু হবে শুষ্ক অনাদায়ে।
পৃথিবীর সব সুখ হতেই ওরা বঞ্চিত।
জীবনে ওদের শুধু দুঃখটাই হলো সঞ্চিত।
ওই যে মুখোশধারী রাক্ষসের দল ,
এ বেদনা যে তাদেরই দেওয়া ফল।

## = কত যন্ত্রণায় ওরা অভিযোগ জানায় =

কি নিদারুণ মানসিক যন্ত্রণায় ,
হে বিধি, ওরা তোমার কাছে অভিযোগ জানায়।
ওরাও যে মানুষ তুমি ভুলে গেছ তা কি !
এই মর্ত্তে পাঠিয়ে, ওদের কেন দিলে ফাঁকি ?
অন্ন দাওনি, বস্ত্র দাওনি, বাসস্থানও দাওনি।
এত দুঃখ দেখেও, একবারও ফিরে চাওনি।
ওরা বোধহয় ঠিকই বলে।
তুমিও হয়ে গেছো ওই বড়লোকদের দলে।
মর্ত্তের বুকে এই শাসনতন্ত্রে যারা স্বেচ্ছাচারী ,
সুখের পাল্লাটা বোধহয় ওদেরই দিকে ভারী।
ক্লান্ত যারা জীবন ভার বহিতে বহিতে।
মৃত্যু মাগে, যাহাতে এ যন্ত্রণা আর না হয় সহিতে।
হে বিধি, তবু তুমি তাকাওনি মুখ তুলে।
জন্ম দিয়ে একেবারেই কি গেছো ভুলে !
গ্রাম থেকে শহর সর্বত্রই এই বৈষম্য বর্তমান।
এত অবিচার দেখেও কাঁদে নাকি তোমার প্রাণ !

## = আমি চাই =

আমি এই নিপীড়িত মানুষদের কথা বলতে চাই।
কিন্তু পদে পদে প্রত্যাঘাত এবং বাধা পাই ,
ওই বুর্জোয়া শ্রেণীর কাছে।
আমার তো অনেক কিছুই বলার আছে।
কিন্ত পিছিয়ে আসি পাছে,
যদি আমার কিছু ক্ষতি হয়ে যায়।
কত মানুষ পথ চেয়ে, আমার লেখনীর প্রতীক্ষায়।
সত্যিই আমার লেখনীয় আটকে পড়েছে,
ওই স্বার্থের বেড়ায়।
ওরা যে সমাজ ব্যবস্থা গড়েছে ,
তা আমি যেতে পারি না এড়ায়।
কিন্তু কলমটাও আজ স্বার্থান্বেষী।
কোন পথে গেলে সুখ পাওয়া যাবে বেশি ,
সেই পথেই চলতে চায়।
ভয় পায় প্রতিকূলতায়।
এটা কি একজন লেখকের ধর্ম ?
মুক্ত চিন্তন, স্বাধীন কর্ম ,
আজ জড়িয়ে পড়েছে স্বার্থের বেড়াজালে।
কি জানি, কি আছে ওই সর্বহারাদের কপালে !
কারণ ওদের জন্য লিখতো যারা ,
তারাই যে আজ পাগলপারা ,
কিছু পাবার আশায়।
যুগের হাওয়া লেগে গেছে, এই কলমের ভাষায়।

# = বইমেলাতে =

একা একাই হঠাৎ শেষ বেলাতে ,
কি ঝোঁক চাপলো, চলে গেলাম বইমেলাতে।
সময় কম, আবার বাড়ি ফিরতে হবে রাতে।
ওই চলতে পথে, যে দু-একটা বই ঠেকলো হাতে ,
একটু নেড়েচেড়ে দেখা।
সঙ্গী ছিল না কেউ তবু নই একা।
ভাগ্যক্রমে কয়েকজন ,
পুরনো কবি বন্ধুর সনে হয়ে গেল দেখা।
উৎফুল্ল মন, খুঁজে পেয়ে আপন জন।
তবে হাতে বেশি সময় ছিল না।
তা বললে কি হয় ,
অত সহজে তারা আসতে দিল না।
বহুদিন বাদে আবার যেন নতুন করে পরিচয়।
বহুদিন আগে এক অনুষ্ঠানে সেই হয়েছিল দেখা।
এই সাক্ষাৎ বুঝি ভাগ্যে ছিল লেখা।
না, এই দেখা নয় পূর্ব পরিকল্পিত।
সত্যিই আমি বিস্মৃত।
ভগবান যদি মেলাতে চায় ,
সাধ্যি কার তারে ঠেকায় !
যাক, বন্ধু এবার যে নিতে হবে বিদায়।
গৃহে যে আমার পরিবার, রহিয়াছে অপেক্ষায়।

# = বড্ড দাম =

হাতে নিয়েও রেখে দিলাম ,
বড্ড বইয়ের দাম।
আলমারিটা ভরাতে গিয়ে ,
ভুলে গেলাম বাপের নাম।
পাঁচশো টাকা পকেটে নিয়ে ,
লাভ নেই বাবু মেলায় গিয়ে।
থুতু দিয়ে ভেজে না চিড়ে।
শূন্য হাতে আসবে ফিরে।
যে কটা বই লিখে নিয়ে যাই লিস্টে ,
তারমধ্যে একটি দুটি কিনি কষ্টে শিষ্টে।
লেখক - পাঠক যতই চেঁচা।
ব্যবসা এখন, বই কেনা বেচা।
এই দ্রব্যমূল্য বৃদ্ধির বাজারে।
লেখক - পাঠক সমন্বয় কে ঘটাতে পারে !
ফাঁকা হাতে মেলাতে নিত্য যাওয়া আসা।
এক ঝলক দেখেই শুধু মেটাচ্ছি পিপাসা।

# = সাহিত্য চর্চা =

সাহিত্য চর্চা মানে ,
ঘরের খেয়ে বিলেতের মোষ তাড়ানো।
কিছু নেই এখানে ,
পাওয়ার চাইতে বেশিটাই হারানো।
তবু আশা বলে কানে কানে ,
স্বপ্ন রয়েছে দিগন্তে ছড়ানো।
মানসিক তৃপ্তি আনে প্রাণে ,
দুকূল ছাপিয়ে মন ভরানো।
সাময়িক দুঃখ পরিত্রাণে ,
নিরবে অশ্রু ঝরানো।
ছন্দ রয়ে যায় প্রতি ঘ্রানে ,
ছায়া পরে মায়া জড়ানো।
থাকতে বেঁচে নাম - যশ ,
কিছুই তুমি পাবে না বস।
মারা গেলে ফুলের মালা ,
জন্ম এবং মৃত্যুবার্ষিকীতে বরণডালা ,
জুটবে তখন হায় !
থাকতে বেঁচে সাহিত্যিক, যা কিছু না পায়।

# = পূজা মানে =

পূজা মনে নয় শুধুই দেবতার আরাধনা ,
খুশির জোয়ারে মদ্যপানের ব্যবস্থাপনা।
উচ্চস্বরে বেপরোয়া বাজছে বাদ্যযন্ত্র।
ব্রাম্ভন যাচ্ছে ভুলে মুখস্ত করা মন্ত্র।
মনে আছে ক্ষোভ যত সারাবছরের ,
মদের খেয়ালে, জাগে তারই জের।
পূজা মানে মারামারি ,
পূজা মানে বাড়াবাড়ি ,
ক্ষমতা নিয়ে কাড়াকাড়ি ,
ভাগাভাগি পাড়া ,
সবই আছে, আসল উদ্দেশ্য ছাড়া।
কৃত্রিম আলোয় চারিদিক আলোকিত।
গৃহেতে হাজারো অতিথি নিমন্ত্রিত।
সবই আছে , কী বিশাল আয়োজন ,
সেটাই নেই, যেটির আজ বড্ড প্রয়োজন।
সেই ভক্তিটাই নেই মনে।
তাই একাকী নির্জনে ,
অসহায় নত শিরে ,
দেব বসে মন্দিরে ,
অশ্রুভেজা চোখে দেখছেন সব।
আর মনে মনে ভাবছেন ,
এ কেমন উৎসব !
কারণটাই যে আজ হেথা গৌন।
সবকিছু দেখেও তাই তিনি মৌন।।

# = স্বার্থপর মোরা =

সুখের সময় বিধি তোমায় ,
আমরা নাহি পূজি।
দুঃখের সময় না পেয়ে উপায় ,
তখন তোমায় খুঁজি।
সব হারিয়ে নড়লে টনক ,
তখন তোমায় বানাই জনক।
অনায়াসে যখন যাই পেয়ে ,
তখন বলি বিধি আবার কে !
বিশ্বাসী নই আমি ভাগ্যে।
উনি কী শক্তিমান আমার চেয়ে !
সব যুক্তি হইল ধুলিসাৎ ,
আইল যখন আঁধার কালো রাত।
আত্মবিশ্বাস ভেঙে চুরমার।
তখন স্মরনাপন্ন হই তাঁর।
করজোড়ে ডাকি বারবার ,
পাইতে উদ্ধার।
কৌতুক করি একটু এইবার ,-
ঠেলায় না পড়লে বিড়াল গাছে নাহি ওঠে।
আর বিপদে না পড়লে মানুষ, বিধির কাছে নাহি ছোটে ॥

# = ভয়ে =

সাহেব এসেছেন, বলছি কি ভাই ,
তুমি বসো, আমি এখন যাই।
কথাতেই আছে : যেও না কাছে ,
গেলে নিস্তার নাই।
থাকতে চাও যদি সুখে ,
যেও না ঘোড়ার পিছে এবং সাহেবের সম্মুখে।
এমনিতেই আমি মস্ত ফাঁকিবাজ।
দেখা পেয়ে যদি চাপিয়ে দেন কোন কাজ !
না, ভাল লাগছে না আজ।
আমি বরঞ্চ বাইরে থেকে, আসি ঘুরে খানিকক্ষণ।
সুখ টান দিয়ে ফুরফুরে করি গিয়ে মন।
অফিসটা না হয় সামলিও তুমি ততক্ষণ।
সাহেব এসেছেন আর যাবে না থাকা।
কিছুক্ষণ বাইরে গিয়ে দিই গা ঢাকা।
দেখছো না ,ওরাও চলে গেছে, অফিসটা ফাঁকা।
সবাই চলে গেছে কাজকর্ম ফেলে ,
সাহেব চলে যাবার খবর পেলে ,
দেখবে, সবাই আবার ধীরে ধীরে,
অফিস পানে আসবে ফিরে।
ধরা পড়ে, আমিও বাবু হবো না আসামী।
তুমি তাহলে বসো, বাইরে চললাম আমি ।।

# = মানসিক তৃপ্তি =

চাকরীটা তো শুধু পেটের জন্য ,
তবে মন কিসে হয় জানো প্রসন্ন ?
খাতায় পাতায় ছন্দ গড়ে ,
হৃদয় আমার যায় গো ভরে।
কেউ যদি সুধায় মোরে ,
এগুলো তো নিথর ছন্দ ,
এতে কী আছে সুখ - সাচ্ছন্দ্য ?
বলো নাই মন্দ।
তবে ওটা তোমাদের কাছে।
কিন্তু একজন কবি যে ,
এই ছন্দেই মরে – বাঁচে।
টাকা পয়সা চায় না সে।
এটাই যে তার মূলধন ,
একঘেয়েমি থেকে পেতে নিরসন।
যদিও তোমাদের কাছে এটা প্রহসন।
আমার বেঁচে থাকার মানে ,
জানো ? লুকিয়ে আছে এইখানে।
গোচরে আসবেনা তোমাদের সন্ধানে।
আমি তো দিব্যি আছি এই লেখালেখি নিয়ে।
অর্থ নিস্প্রয়োজন, তবে কলম নিও না ছিনিয়ে।।

## = কৌশিক দার প্রতি =

আমি তোমার ভাবশিষ্য হতে চাই।
চরনে তব দেবে কী একটু ঠাঁই ?
তোমার সৃষ্টি মাঝে যে সুখ খুঁজে পাই ,
মনে হয় আরও গভীরে আমি হারাই।
তোমার আশীষ হস্তখানি ,
যদি আপন শিরে টানি ,
আশীষ মাগি একটুখানি ,
দেবে কী আমায়।
মন আর কিছু নাহি চাই।
তুমি বলবে আমি কে।
বললাম তো,
ভাবশিষ্য তোমারই যে,
হতে চাই তোমার মতো।
তোমার আশীষ পেয়ে ,
তোমার দেখানো পথে যাব ধেয়ে ।।

# = বলো কি ! =

বলো কি নন্দলাল !
ওদের এখনো এই হাল ?
একটা পিছে, একটা পাশে ,
তাতে কিই বা যায় আসে।
একটা আবার রয়েছে কোলে ,
একটা লাফাচ্ছে পেটে।
থামবে কবে সে তাহলে ,
দেখি সাধ কবে মেটে !
স্ত্রী যখন বলে থামতে ,
স্বামী বলে ঘামতে ঘামতে ,
সবে তো তিনটে হল ,
আর একটা আগত।
ইচ্ছে তাহার আরও ষোল ,
কুকুর ছানার মত।
লাউ গাছে ফলছে লাউ ,
খাচ্ছে সবাই ফাউ ফাউ।
স্ত্রী কাঁদে হাউমাউ ,
কিন্তু কেউ শোনে না তার।
সবাই বলছে, মাত্র ষোলটা আর !

# = যদি অনুমতি দাও =

একটা প্রশ্ন ছিল মনে ,
যদি অনুমতি দাও ,
তবে আলোচনা করি, তোমাদের সনে।
কী সুখ পাও ,
অকারণে বৃক্ষচ্ছেদনে ?
ওদেরও যে প্রান আছে।
কষ্ট পায়, ব্যথা আছে।
নীরব , তবে অভিযোগ আছে।
কিন্তু জানাবে কার কাছে ?
ওরা যে কর্মবীর ,
শত অত্যাচারেও রয়েছে স্থীর।
ভীরু নয়, তবু নত শির।
ওরা দানবীর ,
তবে অসহায়।
মানুষ স্বার্থপর, থাকতে সুখে ,
অভিযোগ এড়িয়ে কুলুপ এঁটেছে মুখে।
অগ্রগতির নাম করে, সভ্যতা ধ্বংস।
সুখবিলাসী - স্বার্থলোভী, যেন মামা কংস ।।

# = চকলেট দিবস =

যাদের ক্ষুধার জ্বালায় ,
জ্বলছে পেট ,
ওরা একমুঠো ভাত চায় ,
নয় চকলেট ।
না খেতে পেয়ে শরীর হয়ে গেছে কঙ্কাল ।
ওদের কি মানায় এই বড়লোকি চাল ?
ওরা চায় এক মুঠো ভাত ।
চাঁদের দিকে চেয়ে কাটায় সারা রাত ,
আর ঘনঘন খেলে দীর্ঘ নিঃশ্বাস ।
ভগবানেও যারা হারিয়েছে বিশ্বাস !
যদি সত্যি কারের ভালোবাসা জানাতে চাস ,
তাহলে চারটে রুটি নিয়ে যাস ।
চকলেট দিবস তো ওদের কাছে এক প্রহসন ,
ক্ষুধার জ্বালায় যারা ছটফটায় সর্বক্ষণ ।
বিলাসিতা অকারণ, চকলেট আহরণ ।
তোমরা কিভাবে বুঝবে দারিদ্রতা বলে কারে !
ওরা বোঝে, যারা শুয়ে আছে রাস্তার ধারে ।

# = তোমার গান =

তোমার এই জীবনমুখী গান ,
তুচ্ছ নয় ,এ যে বিধির বরদান।
ভোরের বেলায় সুরে মেতে ,
ভালো লাগে হারিয়ে যেতে।
তুমি কোথায় এই গান শিখেছিলে ?
কোথায় কেমনে এমন সুর দিলে ?
কেমনে এমন জীবনমুখী ভাষা রচিলে ?
ছুটে যাই আমি ওই সুরের টানে।
মন্ত্রমুগ্ধ আমি তোমার এই গানে।
স্থির থাকতে পারিনা , ও যে ডাকে।
ওই গান শেখাবে আমাকে ?
তুমি যখন নিত্য ভোরে ,
ভিক্ষা মাগো দোরে দোরে ,
হারিয়ে যাওয়া গানের সুরে।
কেমনে থাকি আমি দূরে।
বানাবে তোমার শীষ্য ?
মায়া মনে হৃদয় জুড়ে ,
এই গানই আমার বিশ্ব ॥

# = ভোঁদা হরিদাস =

বুঝলে দাদা , হরিপদ সিধাসাদা ,
এক্কেবারেই হাঁদা - ভোঁদা ,
পাড়ার যত হারামযাদা ,
রাগায় সদা তারে।
হরিপদ দেয় না বাধা,
নীরবে সে সহিতে পারে।
পাড়ায় যারা লক্ষ্মীছাড়া ,
হরিকে জ্বালায় বড্ড তারা।
রাগ ওঠে খুপ্ ,
তবু হরি চুপ।
মারামারিটা ঠিক তার আসে না।
গন্ডগোল ভালোবাসে না।
ছোটবেলা থেকেই সে শান্তশিষ্ট।
মেনে নিয়েছে সে, যে এটাই তার অদৃষ্ট ।।

# = বাঙাল হরিপদ =

হরিপদ, জন্মসূত্রে বাঙাল।
প্রথম যখন আসে , ছিল এক্কেবারে কাঙাল ,
না চুলো, না চাল।
দেখার ছিল না হাল।
তারপর লেখাপড়া করে ,
চাকরি পেল আবগারি দপ্তরে।
ভবিষ্যৎ তার গেল গড়ে।
এমনিতেই চাকরিটা সরকারি।
তাহার উপর , যত আছে মদের কারবারি ,
বাড়ী বয়ে এসে দিয়ে যায় ঘুষ ,
রাজপ্রাসাদ সম তিনখানা বাড়ী ,
দেখলে পরে উড়বে হুঁশ।
কোনপ্রকার মাদকে নেই তার আসক্তি ,
লক্ষ্মীদেবীতেই , আছে শুধু ভক্তি।
একে একে কিনে ফেলেছেন গোটা পাড়াটাই।
দুঃখ শুধু একটাই ,
ভোগ করার লোক নাই ।।

## = আচমকা দমকা শুরু =

ঝড় তুমি কেন এলে আচমকা।
খবর না দিয়ে এমন বহিলে দমকা ,
তছনছ সব , চারিদিকে হাহাকার।
দ্যাখো, ঐ পাখিটার দেহ নিথর অসাড়।
তোমার রূঢ়তা ওকেও ছাড়েনি।
ও নিজেকে রক্ষা করতে পারেনি।
তোমার কাছে সবাই অসহায়।
তুমি কী নিষ্ঠুর !
তোমারে অতিথি রূপে কেহ নাহি চায়।
তোমার আগমন বিরহ - বিধূর।
তোমাকে কীভাবে আটকানো যায় ,
সবাই রয়েছি মোরা  এই চিন্তায়।
শুধু মানুষ কেন, পশু- পাখি -গাছ -গাছালি।
তুমি দুষ্ট, সবার চোখের বালি।
ধ্বংস ছাড়া তুমি কি কিছু বোঝ ?
সৃষ্টির মাঝে তুমি মৃত্যু খোঁজ।
তুমি বলপূর্বক যে আইন করেছ বলবৎ ,
তাতে স্থগিতাদেশ শোনাবে কোন আদালত !
পৃথিবী কম্পিত তোমার গাজোয়ারিতে।
বধ্য হয়েই , হয়েছে সব মেনে নিতে।।

# = রূপের মোহে =

বারেবারে চেয়েছিলাম ,
তোমার কাছে যেতে।
তুমি আমার দাওনি দাম ,
ছিলে রূপের মোহে মেতে।
তোমার চোখের সামনেই ছিলাম ,
দেখেছিলে আসতে যেতে।
বারেবারে গিয়েছিলাম ,
তোমার হৃদয় দ্বারেতে।
প্রতীক্ষায় দাঁড়িয়েছিলাম ,
আসনি তুমি দুয়ার খুলিতে।
বাধ্য হয়েই মেনে নিলাম ,
হবে তোমায় ভুলিতে।
শেষেমেশ মুক্তি দিলাম ,
শূন্য ঝুলিতে।।

# = ধোকা =

আমরা সবাই রূপের মোহে ,
মুগ্ধ হয়ে ,
করতে যাই প্রেম।
শেষমেষ ধোকা খেয়ে ,
বোকা হয়ে ,
বেজে যায় গেম।
এই দাও , সেই দাও ,
পার্লারেতে নিয়ে যাও।
পার্কে বসে, পকেট খোসে ,
যখন ভিক্ষারী।
সময় শেষে , ভাগ্য দোষে ,
ভিড়লো অন্য চাঁদুর গাড়ী।
রাজকন্যা তোমার মনের ,
এখন হল অন্য জনের।
তুমি হাঁদু কী পেলে ?
রূপের মোহে ধোকা খেলে ॥

# = মদন মাতাল =

মদন বাবু বদ্ধ মাতাল।
খাওয়ার পরে খোঁজেন চাতাল।
সন্ধ্যা হলেই ভাসেন তেলে ,
এতে নাকি শান্তি মেলে।
ইংলিশ টিংলিশ চলে না বেশি ,
বেশির ভাগই বাংলা-দেশী।
চাটার ফাটের বালাই নাই।
খাবার পরে নোনতা ছাই ,
জিভেতে নেন চেখে ,
মেরে দেন জল ছাড়াই ,
তাজ্জব লোক দেখে।
এরপরেই গন্ডগোল।
পা টলোমলো , শরীর দিচ্ছে দোল।
টলতে টলতে যেতে যেতে ,
ডিগবাজি খেতে খেতে ,
হঠাৎ হোঁচট খাওয়া ,
আর হল না ঘরে যাওয়া।
বেহুঁশ তিনি ওখানেই।
রাত কেটে যায় শ্মশানেই।।

# = উন্মত্ত হাতির দল =

এক পাল হাতি দাঁতাল ,
উন্মত্ত যেন মাতাল ,
দূরের শস্য ক্ষেত বেয়ে,
শান্ত গাঁয়ে এলো ধেয়ে।
তান্ডব চালালো ঘরে ঘরে।
খবর গেল বন দপ্তরে।
গ্রামবাসীর পক্ষে সম্ভব নয় তাদের তাড়ানো।
বনদপ্তর নিয়ে এলো বন্দুক ঘুম পাড়ানো।
কিন্তু এ যে একটা দুটো নয় ,
গোটা দশেক প্রায়।
বন্দুকে বেকার সময় অপচয় ,
জব্দ ওরা বাজি পটকায়।
ফাটানো শুরু হল আওয়াজে বাজি।
কিন্তু ওরাও যে গ্রাম ছাড়তে নাহি রাজি।
বাজি ফাটায় কে রে ?
তেড়ে আসে মাথা নেড়ে নেড়ে।
প্রায় চোদ্দ ঘন্টার ধস্তাধস্তি।
অবশেষে হার মেনে ছেড়ে দিল বস্তি।
ওফ ! এতক্ষণে স্বস্তি।
পিছু হটে ফিরে গেল বনে।
গ্রামবাসীদের বদনে , হাসি ফিরিল এতক্ষণে।

# = জ্বরে কাবু =

গোবিন্দ বাবু ; জ্বরে কাবু ;
নাক দিয়ে ঝরছে কাঁচা জল।
নাকের জলে হাবুডুবু ,
চোখ করিছে ছলছল।
এমনিতেই তিনি শীতকাতুরে।
তারপরে স্নান করে পুকুরে ,
করছে মাথা কটাং কটাং।
সুস্থ মানুষ হয়েছে চিট পটাং।
ক'দিন খেয়ে খেয়ে প্যারাসিটামল ,
শরীর  দুর্বল , গায়ে নেই বল।
ডাক্তারবাবু বলেছেন বিশ্রাম নিতে।
একেবারে জব্দ, তিনি এই শীতে।
কম্বল গায়ে দিয়ে সারাদিন শুয়ে ,
স্নান ছেড়ে কাটছে, শুধু মাথা ধুয়ে।
শুয়ে শুয়ে যন্ত্রণা চেপেছে পিঠে।
অসহ্য অস্বস্তি, মেজাজ তাই খিটখিটে।

# = হাসছেন বিধি =

এদিক ওদিক দেখে ,
চুরি করে নিলে পরের দ্রব্য।
খুবই চালাক ভাবছো নিজেকে ,
জানো কি তোমার ভবিতব্য ?
তুমি ভাবছো তুমি পড়লে না ধরা।
শিল্পটা তোমার হাতে আছে গড়া।
সবার চক্ষে দিলে ফাঁকি।
এখন এই ভাবেই চলছে টুকিটাকি।
এই ভাবেই একদিন হবে বড় চোর।
জমে উঠবে ধান্দার আসর।
তবে রেখো মনে ,
এই রূপ জীবনে ,
কাটবে না আঁধার, আসবে না ভোর।
কিন্তু ওরে ! বিধি হাসছেন উপরে।
তাঁর চোখকে ফাঁকি দেবে কি করে !

# = তোমরা বুঝবে না =

ইদানিং তুমি যেন হয়ে গেছো কেমন ,
আনমনা, উদাস থাকো সর্বক্ষণ ,
আর কয়েকটা দিন পরে ,
বিয়ে করে তোমায় নিয়ে যাব ঘরে ,
এখন কি আবার নতুন করে ,
মনেতে অন্য কেউ দিল উঁকি ?
আচ্ছা বলতো দেখি সত্যি করে ,
আমার সাথে তুমি হবে তো সুখী ?
যতই তোমার গভীরে ঢুকি ,
ততই তোমারে অচেনা লাগছে।
তাই মনে প্রশ্নগুলো জাগছে।
বিয়ের পরে ; অন্য ঘরে ;
জীবন শুরু নতুন করে ;
পুরনো স্মৃতি বিচ্ছেদের যন্ত্রণা ,
তোমরা পুরুষরা আজও বুঝলে না ,
আমাদের ব্যথা তোমাদের চোখে পড়ে না।
তোমরা বোঝো উদাস মানেই প্রেমে পড়া ,
আনমনা মানেই কি শুধু নতুনের হাত ধরা ?
নতুন কেমন হবে ,
পুরানোরা আমার অনুপস্থিতিতে কেমন রবে ,
এই যে নতুন পরিচয় , সবটাই পরিবর্তন ,
সাত - পাঁচ ভাবতে ভাবতে উদাস মন।

আর তুমি এসে , বলছো এখন ,
আমি নাকি নতুন করে আবার প্রেমে পড়েছি।
বাবা-মা আত্মীয় পরিজন ,
যাদেরকে নিয়ে এতদিন এই সংসার গড়েছি ,
সবাইকে জানিয়ে বিদায় ,
চলে যাবো নতুন ঠিকানায়।
পুরানো সম্পর্ক গুলোকে গ্রাস করবে জীর্ণতা।
ভেবে দেখেছ কি , কোনদিনও তা ?

# = দেনা পাওনা =

ছেলের বাবা বসলো বেঁকে,
বিয়ের আসরে।
হুংকার দিল আসর থেকে ,
পেয়াদা আনলো ধরে।
মেয়ের বাবা করজোড়ে ,
অনুনয়-বিনয়।
আর দুটো দিন দাও মোরে ,
কথা মতো দেবো নিশ্চয় ,
পণের টাকা দুহাত ভরে ,
যদি প্রাণ রয়।
না, না, না, না, এমনটা কি হয় !
টাকা নাহি দিলে পরে ,
শুভদৃষ্টি নয়।
এখন টাকা কোথায় পাবো ,
কার কাছেই বা ঋণ চাবো।
ওসব আমরা জানি না মশাই।
কথা মত টাকাটা চাই।
অসহায় পিতা নত শিরে ,
পায়ে ধরে, কহিলেন ধীরে ধীরে।
বাড়িটাই না হয় দিলাম লিখে ,
চলে যাব সেথায়, দুচোখ যায় যেদিকে ।।

# = হাফ প্যান্ট কাকা =

বড্ড নোংরা, হাফপ্যান্ট কাকা।
হাড়ি, কড়াই সবই তেল- কালি মাখা।
এমনিতে যাই না ধারে কাছে।
কিন্তু রবিবার কিই বা উপায় আছে !
আশেপাশের, সব হোটেলই বন্ধ।
যাই হোক ভালো মন্দ ,
বাধ্য হয়েই নিই খেয়ে।
মন্দের ভালো ,খালি পেটে থাকার চেয়ে।
কিই বা করা যাবে আর !
শত বলেও স্বভাব বদলাইনি তার।
আগে তো ওর দোকানেই যেতাম।
প্রায় প্রতিদিনই ওখানেই খেতাম।
কিন্তু ওর ক্রমবর্ধমান অপরিচ্ছন্নতা দেখে ,
আনতে খাবার বাধ্য হলাম, অন্য হোটেল থেকে।
কিন্তু এলে রবিবার, বাম চক্ষু নাচে ,
বাধ্য হয়েই যেতে হয়, ওই কাকার কাছে।।

# = আমি যে মেয়ে =

আমার প্রেমে পড়া বারণ।
আমি যে মেয়ে, এটাই মুখ্য কারণ।
আমি যদি কিছু করে ফেলি, আবেগের ঝোঁকে।
পরিবারের গায়ে, কাঁদা ছিটোবে গ্রামের লোকে।
আমার চারিদিকে জড়িয়ে নিষেধের বেড়াজাল।
প্রেম থেকে পোশাক , সবেতেই অন্যের খেয়াল।
হে ,পুরুষতান্ত্রিক সমাজ, তোমরা জানো নিশ্চয় ,
আমি বিয়ে করি না, আমায় বিয়ে দেওয়া হয়।
বাবা কিংবা দাদা নিয়ে যায় ছাদনা তলায়।
গুরুত্ব থাকে না আমার কথা বলায়।
আমার উপরে সবাই অধিকার ফলায় ,
যত বাধা নিষেধ শুধু আমার বেলায়।
নিজের ওপরেই নেই নিজের অধিকার।
মন নেই, দেহটাই শুধু সার।
আমার কাছে কেউ মতামতও চায় না।
সামাজিক সমাবেশে ,
আমার উপস্থিতি নাকি শোভা পায় না।
কখনো মেয়ের বেশে, কখনো বা মায়ের বেশে ,
মিথ্যা প্রতিচ্ছবি দেখায় সম্মুখের ওই আয়না।
ভালোবাসে সবাই কিন্তু স্বাধীনতা দিতে চায় না।
আরো অনেক রয়েছে বাধা নিষেধের ঝুলি।
সুন্দরী আমি খাঁচায় বন্দি বুলবুলি।

# = কিভাবে =

বেশিক্ষণ পারিনি তাকাতে ,
সেই ছোট্ট শিশুটির দিকে।
ঘুম বোধহয় হয়নি রাতে ,
খিদের জ্বালায় মুখখানি ফিকে।
দেখলে মায়া হয়।
কিন্তু নিজের বাচ্চা তো নয় !
তাই ব্যস্ত জীবনে ,
এইসব কথা না রেখে মনে ,
এড়িয়ে এগিয়ে যাই।
পথশিশু বুঝি এরাই ?
আবার আস্তে আস্তেই পথে দেখলাম ,
এক নেতা বলছেন, হাতে মাইক বাগিয়ে ,
এই পর্যন্ত মিথ্যাটাই শিখলাম ,
দেশ নাকি যাচ্ছে আগিয়ে।
এরই নাম বুঝি এগিয়ে যাওয়া।
দেশজুড়ে নাকি বইছে পরিবর্তনের হাওয়া !
এই পথ ধরেই তো গিয়েছেন নেতা মশাই।
কই এদের কথা তো তাঁর ভাষণে পায় নাই ঠাঁই।
যখন ভোটের প্রয়োজন পড়ে ,
নেতা মশাই হাজির, ওদের কুঁড়ে ঘরে।
যে বিরোধীদল এদেরকে সামনে রেখে ,
ভোট যুদ্ধে বাঁচে পরাজয় থেকে ,
শাসক হয়ে ওরা কিভাবে পারে !
কত কিছুই তো লেখা ছিল ইস্তেহারে !
মিথ্যা প্রতিশ্রুতির জালে ,
জীবন্ত পরিণত মৃত কঙ্কালে।

# = সঙ্গ আমার ছেড়ো না =

শুরু থেকেই তোমরাই আমায় জুগিয়েছো প্রেরণা।
এই মাঝ দরিয়ায় এসে সঙ্গ আমার ছেড়ো না।
শুরুতে ছিল যে উন্মাদনা ,
শেষটাতেও থাক , এই করি কামনা।
চলো উভয়ের সম্পর্কটা,
নিয়ে যাই আরো গভীরে।
চতুর্দিকে হোক বিকরিত আলোর ছটা।
এই বন্ধন অটুট হোক ধীরে ধীরে।
এই বিস্তীর্ণ বালুচর নদীর তীরে ,
হাঁটছিলাম একা একা।
হঠাৎ তোমাদের সঙ্গে দেখা।
সাথী পেলাম, পেলাম বুকে বল।
একাকীত্ব ভুলে গড়িলাম দল।
কেহ কর্মঠ, কেহ বা অচল।
কিন্তু সে কথা ভুলে বন্ধুত্বটাই হোক সম্বল।
একতার মন্ত্র একে অপরকে শিখিয়ে দেবো।
বিপদে-আপদে একে অপরের হাত ধরে নেব।
আমি আছি , তোমরা কি আছ আমার সাথে ?
দিনে দেওয়া প্রতিশ্রুতি, ভুলে যাবে না তো রাতে ?

# = করোনা কালে =

হঠাৎ উঠে খবর শুনেছিলাম সকালে।
সবকিছুই বন্ধ এই করোনা কালে।
জানি না, কি আছে কপালে।
বাস , ট্রাম, দোকানপাট ,
গ্রাম ,শহর ,পাড়া ,তল্লাট ,
শ্মশানের মতো করছে খাঁ খাঁ।
রাস্তাঘাট যানবাহন হীন ফাঁকা।
অফিস, কাছারি ,কলকারখানা ,
বন্ধ রইল সবই , এক বছর টানা।
সবই ধুঁকছে, জ্বর অজানা।
চাকরিটাও গেল চলে।
সরকারি নয়, বেসরকারি বোলে।
শুরু হলো সংসারে অভাব অনটন।
কতই বা সাহায্য করবে আত্মীয় পরিজন !
কি বলবো , কিভাবে কেটেছিল ওই একটি বছর !
জীবনের এক কালো অধ্যায় যেন মোর।
একই সমস্যা শুধু আমার একার নয় ,
ছিল আরও অনেকের।
শিক্ষা থেকে অর্থনীতির হয়েছিল অবক্ষয় ,
আজও রয়েছে তার জের।

# = বেয়াদব =

স্বপ্নগুলো বড্ড বেয়াদব।
পূরণ করিতে মনে জাগে লোভ।
লোভ হয় পরিবর্তিত পাপে।
সব কি খন্ডায় শুধু অনুতাপে ?
পাপের পথ যদি বা দাও তুমি ছেড়ে ,
ফেরাতে পারবে কি, যা কিছু নিয়েছ কেড়ে ?
তোমার জন্য যারা বসেছে পথে ,
সময় চলে গেলে আসে না কোন মতে।
তুমি হয়তো দেবে কিছুটা ক্ষতিপূরণ।
হয়তো বা ক্ষতের উপরে বিছাবে আবরণ।
ক্ষতটা হয়তো করতে পারবে গোপন।
কিন্তু চেষ্টা করেও আমরণ ,
মেটাতে পারবে না মনের জ্বালা।
তাই নিশ্চিত, তোমারও ভাগ্যে কন্টক মালা।
সেই একই কষ্ট তোমারও যে পাওনা।
যদি বদলে গিয়ে থাকো, তবে কেন চাও না ,
সেই একই রূপ কষ্ট সইতে ,
পিছুপা কেন ফলাফল গ্রহীতে ?
তখন ততটা কষ্ট লাগেনি অন্যকে ব্যথা দিতে ,
এখন যতটা কষ্ট লাগছে, ফলাফল মাথা পেতে নিতে।

# = মনের হরষে =

আজ এই চুম্বন দিবসে,
মনের হরষে ,
দিলাম কথা তোমায়।
নিয়ে যাব সেথায়,
বলবে তুমি যেথায় ,
বলো তোমার মন কি চায় ?
মধুচন্দ্রিমায় বলো যাবে কোথায় ?
বকখালি নাকি দীঘায় ?
তবে বলো আমার সাধ্য বুঝে ,
তুমি আবার বিশ্ব ম্যাপ খুঁজে খুঁজে ,
বলোনা ইংল্যান্ড কিংবা আমেরিকা।
তাহলে হাসি পড়বে ফিকা ,
খরচের কথা ভেবে।
জানি তুমি ভেবেচিন্তেই সিদ্ধান্তটা নেবে ।।

# = সহ্যশক্তি =

সত্যিই , মেয়েদের কী সহ্যশক্তি !
স্বামী হিসাবে এখনও এত ভক্তি !
এতবার প্রতিশ্রুতি ভঙ্গ ,
তবু ছাড়েনি সঙ্গ ,
এখনও আমাতেই আসক্তি ।।
একই কথা বারবার প্রতিবার ,
এমন ভুল হবে না আর ,
এই শেষবার ,
কিন্তু এই শেষবারটা কেজানে কোনখানে !
সেটা ও ভালোরকমই জানে।
তবু মায়ার বাঁধনে ,
দুঃখ চেপে মনে ,
নীরবে সবই সহে।
কিছু নাহি বোঝে, এমনটা কিন্তু নহে।
ও সবই জানে , সবই বোঝে।
তবু আমার মধ্যেই বারবার পরিবর্তন খোঁজে।
আশাহত হয় কিন্তু হতাশ নয়।
পরিবর্তনের আশায় এই প্রশ্রয়।
স্বপ্নভঙ্গ বারবার ,
তবু মনে আশা তার।
কী নিদারুণ সহ্যশক্তি অপার !

# = শান্তি কাঁদছে দিদিমনির চরণে =

জানি না কোথা থেকে ,
আমার লেখা দেখে ,
এলো ওরা তেড়ে।
স্বপ্ন ফেলে রেখে ,
বসত বাড়ি ছেড়ে ,
নিজেরই গ্রাম হল ছাড়তে।
প্রায় শ' দুয়েক দুষ্কৃতী ,
এলো অস্ত্র নিয়ে মারতে।
এটাই বঙ্গীয় রাজনীতি।
হিংস্রতা বাড়তে বাড়তে ,
এখন চরম পর্যায়।
শান্ত গ্রামে নেতা গর্জায়।
বিরোধীতা করেছিল যারা ,
আজ সবাই তারা গ্রাম ছাড়া।
পিসি আর ভাইপোর বরদানে ,
অরাজকতা চলছে সবখানে।
সার্থক , এই যাত্রাপালার নামকরনে ,
" শান্তি কাঁদছে দিদিমনির চরনে " ।

# = আসছে ভোট =

আসছে ভোট, দেখবে দাপট ,
শান্ত গ্রাম উলটপালট ,
অসহায় আছে ফুলিয়ে ঠোঁট ,
তছনছ সব বিরোধী জোট ,
তাণ্ডবে উন্নয়ন বাহিনীর।
ভূমিকা এক করুন কাহিনীর।
এই বঙ্গের গণতন্ত্র ,
উন্নয়নের ষড়যন্ত্র ,
বুঝেও সবাই চুপ।
শাসক যদি হয় গো বিরূপ ,
বেঁচে থাকাটা দায়।
কালো মেঘ গেছে ছায় ,
এই বঙ্গের আকাশটায়।
সবই যে ওদের দখলে।
দেখছি সকলে ,
তবু নিরব সবাই।
মুখ খোলার উপায় যে নাই।
দগ্ধে দগ্ধে স্বাধীনতা পুড়ে ছাই।
আজ মোরা ভাই ,
স্বাধীন রাজ্যের পরাধীন মানব।
শাসন করছে দস্যু - দানব।।

# = শান্তিহীন জীবন =

জীবন নানান সমস্যায় জড়িয়ে ,
ধীর গতিতে, কোন প্রকারে ,
চলছে গড়িয়ে গড়িয়ে।
সকালে চোখ খুলেই দেখি আরে !
নির্লজ্জের মত পর্দা সরিয়ে ,
সমস্যাগুলো আছে দাঁড়িয়ে ,
অদূরেই মোর দুয়ারে।
যতক্ষণ থাকি ঘুমিয়ে ,
ততক্ষণই বাঁচি শান্তি নিয়ে ,
তবে বলি কি আর ভাই !
ঘুমিয়েও শান্তি নাই।
স্বপনেও সমস্যা করে তাড়া।
রাত্রি নিঝুম ; দুঃস্বপ্নে ভাঙ্গে ঘুম ;
জীবন দিশেহারা।
যেখানেই যাই ওরা করে ধাওয়া।
জীবনের কাছ থেকে এইটুকুই গেছে পাওয়া।
ছায়ার মত হাঁটছে পিছু পিছু।
শান্তি বাদে দিয়েছে সবকিছু।
যেমন দুঃখ -কষ্ট , অভাব - অনটন।
ওরাই যে সঙ্গী এখন সারাক্ষণ।

# = কিই না দিতে পারি =

প্রেমিক :- তুমি চাইলে আমি কিই না দিতে পারি।
তুমি থাকলে পাশে কারো নাহি ধার ধারি।
কিন্তু চেও কয়েকটা জিনিস বাদে ,
যেমন নজর দিও না চাঁদে।
ওটা যে সবার।
ওটা আনতে গেলে সবাই দেবে মার।
আর আকাশের তারা গুলো রয়েছে অনেকটাই দূরে।
তাই পাওয়ার বসনা মন থেকে ফেলে দাও ছুঁড়ে।
সাঁতরে পারবো না নদী পার হতে।
ভেসে যদি যাই প্রতিকূল স্রোতে !
তাজমহল বানাতে গেলে লাগবে অনেক টাকা।
বেকার যুবক, ভবঘুরে, পকেটটা পুরো ফাঁকা।
বল এগুলো বাদে , তোমার মনে, কি বাসনা আছে রাখা।
মুখ ফুটে বলো, যা চাইবে তুমি , রাখবো তোমার চরণে।
এই জীবনটা যে বড় প্রিয় মোর, ভয় লাগে মরণে।
তাই এই জীবন বাদে অন্য কিছু চেও ভায়া।
বয়স কম, এখনো কাটেনি জীবনের মোহ মায়া।
নিও না মুখে সোনার নাম ,
দেবো তোমায় কমুক দাম।
প্রেমিকা :- থাক বাবা ! চেয়ে কাজ নেই আর।
প্রয়োজন নেই কিছুই দেবার।
মিটে গেছে সখ উপহার নেবার ।।

# = মনের অজান্তে =

পাড়াতে তোমার পড়তে যেতাম ,
সপ্তাহে একবার তাও সপ্তাহান্তে।
সেথায় তোমায় দেখতে পেতাম ,
যেতে যখন জল আনতে ,
দেখতে দেখতে পুরো একটি বছর কেটে গেল ,
নিজেরই মনের অজান্তে ,
মন হলো এলোমেলো।
তোমায় ভালোবেসে ফেললাম।
ভালোবাসা বোধহয় এরই নাম।
তোমার নাম, পরিচয়,ধাম কিছুই নাহি জানতাম।
বন্ধুদের মারফত খোঁজ নিলাম ,
তুমি কোন স্কুলে পড়ো ,
স্কুলে যেতে তুমি কোন রাস্তা ধরো ,
এখনো কি তুমি রয়েছো প্রেমিক বিনা ,
বা আগে কোনদিন প্রেমে পড়েছ কিনা ,
আরও নানান বিষয় অনেক কিছু।
তোমার বিষয়ে জানতে ,
অনেক ঘুরতে হয়েছে বান্ধবীদের পিছু পিছু।
তোমার বান্ধবীদেরকে বশে আনতে ,
করতে হয়েছিল অনেক কিছু।
একলা পথে দাঁড়িয়ে থাকা, বুক দুরু দুরু ,
এই ভাবেই হয়েছিল আমার প্রেমের শুরু।
এই ভাবেই ধীরে ধীরে পরিচয় তারপরে প্রস্তাব।
প্রথমে না রাজি হলেও এখন বেশ ভাব।

# = ন্যাকামি =

নিজ সংস্কৃতি ভুলে ,
উচ্ছৃঙ্খলতায় দুহাত তুলে ,
নোংরা সংস্কৃতির দিকে মোরা আজ ধাবিত।
যে দেশে ভালোবাসার ঝর্ণাধারা ,
সাত জনম ধরে হয় প্লাবিত।
সেই দেশের লোক ক্ষণিকের মোহে দিশেহারা।
ভালোবাসা আজ শরীরেই সীমিত।
বৈধতাহীন পরকীয়ায় বিবেক সূর্য অস্তমিত।
স্বাধীনতার নামে উচ্ছৃঙ্খলতা।
প্রেম ভুলেছে বদান্যতা।
ভালোবাসা পৌঁছেছে ন্যাকামির শেষ সীমানায়।
কামাতুর মনে লোভ জমেছে কানায় কানায়।
প্রেমের দিবস ! তাই বুঝি বাবা-মার স্বপ্নকে পদতলে দোলে।
শরীরের টানে, প্রেমিকের কাছে গেলে ছুটে চলে !

# = ওদের জন্য =

কত গান ,কত গল্প, কত কবিতা ,
আজ লেখা হল প্রেম দিবসকে নিয়ে।
সেই মা, সেই বোন বা সেই প্রেমিকা ,
আদৌ পড়বে কি তা !
যারা এইমাত্র এলো বিদায় জানিয়ে ,
শক্ত করে মনকে ,
স্টেশনে তাদেরই প্রিয়জনকে।
হয়তো বা ফিরবে না আর।
হয়তো বা এটাই শেষ দেখা তার।
এত গল্প , কবিতা যা কিছু লেখা প্রেমকে নিয়ে ,
তাদেরকে কি বলতে পারবে সান্ত্বনা দিয়ে ,
তোমাদের ছেলে কিংবা ভাই আবার আসবে ফিরে ,
ওই আকাশের বুক চিরে ,
এই স্বদেশ ভূমে চেনা নীড়ে।
কোনদিন কি চেয়েছো বুঝতে ,
না কোনদিন পেরেছে ওই রক্তের দাগ মুছতে ,
এই সবকিছু  প্রেম কাহিনী মনগড়া।
তবে ওদের মনেও প্রেম আছে ভরা।
মনের অজান্তে, সতর্ক সীমান্তে ,
মায়ের রক্ত ঋণে জীবন বলিদান।
এক বাস্তব ,পার্থিব ভালোবাসার সত্য উপাখ্যান।

# = ঠিক মানায় না =

আমি জানি ,
প্রকৃতপক্ষে, এই প্রেম দিবসের মাহাত্ম্য অনেকখানি।
তবে ইদানিং রাস্তাঘাটে যা দেখছি স্বচক্ষে ,
প্রেম দিবসের গুরুত্বটা মানা সম্ভব নয় আমার পক্ষে।
বর্তমান যুব সমাজ, ঠিক বয়সে না গিয়ে আপন লক্ষ্যে।
দেখো পার্কে গিয়ে বসে আছে, মাথা রেখে বক্ষে।
ভাই ! মিছে নয়, এসবই তো দেখছি স্বচক্ষে।
প্রেম মানে কি ছেলেখেলা , পার্কে বসে সারাবেলা ?
নাকি রূপ সাগরে ভাসিয়ে ফেলা ,
মন মজানো শরীরের ভাঁজে।
এদের মতিগতি কিছুই আমি বুঝি না যে।
প্রেমের মানেটাই এখন ভিন্ন এদের কাছে।
আমি ভাই মাঝ বয়েসী কিই বা বলার আছে !
প্রেম দিবসের মানেটা আদৌ এরা বোঝে তো !
ভালোবাসায় মনের মিলন আদৌ এরা খোঁজে তো।

# একটু উৎসাহ

আজকের সারাদিনই এখনকার যুব সমাজকে ,
নানান ভাবে করেছি তিরস্কার।
যেমন ,এই প্রেম দিবসে ওরা সামাজিক লাজকে
বিসর্জন দিয়াছে আজকে।
ওদের সভ্য সমাজ হতে করেছি বহিষ্কার।
কখনও বা আবার ,
নানান ভাবে করেছি ব্যঙ্গ বিদ্রুপ।
কিন্তু দেখা হয় নাই ওদের সেই লাজুক রূপ।
না ওরা এখনও হয়নি পুরোপুরি ইংরেজ ,
হ্যাঁ ,বয়সের ধর্মে হয়তো একটু গজিয়েছে লেজ।
কিন্তু ওরা আজও ভয় পায়,
গুরুজন দেখলে মাথা নত করে যায়।
ওই সমস্ত কুসংস্কৃতি ওদেরকে কাছে টানতে চায়।
বিপথে নিয়ে যেতে চায়।
কিন্তু বিবেকের টানে ; ওরা যায়নি ওখানে।
ওরা আজও রয়েছে ভারতীয় মনে প্রাণে।
তাই তিরস্কারের পরে ,
ওদেরকে কাছে টেনে পিঠ চাপড়ে বলি ,
ফিরে আয় ঘরে ,
চল্ একসাথে পথ চলি।
তোরাই তো ভবিষ্যতের কান্ডারী।
তোদের মাঝেই স্বপ্ন মোদের দিগন্তে দিয়েছে পাড়ি।

# = এমনটা ছিল না =

আমাদের সময় বাবু এমনটা ছিল না।
বাসে -ট্রেনে প্রেমিক-প্রেমিকার সংখ্যা ছিল হাতে গোনা।
এখন তো বিয়ের থেকে ডিভোর্সের খবরটাই যাচ্ছে বেশি শোনা।
আমাদের সময় বাবা-মা বা গুরুজনেরা ধরে বেঁধে বিয়ে দিত।
আর দম্পতিরা সেই বাঁধনেই সাত জনম সংসার করিত।
এখন আর হ্যাগো ,ওগো, কইগো -এসব শুনতে পাওয়া যায় না।
এখন সোনা ,মানা , চোনা, এই।
প্রেম আছে তবে ভালোবাসা নেই।
শরীর আছে দায়িত্ব নেই।
বাবার অমতেই কারো হাত ধরে আজ চলে গেল ,
আবার মাসখানেক না যেতে যেতেই ,
কাঁদতে কাঁদতে ফিরে এলো।
না এরা তো আর নয় আমাদের মত সেকেলে ,
তবে অনভিজ্ঞতায় ডানা দেয় মেলে ,
আবার ডানা ছেঁটে দিলে ,
আঁছড়ে পড়ে মাটিতে।
অগ্রগতির সাথে হাঁটিতে হাঁটিতে ,
আমরা এখন অতি আধুনিক।
লিভ টুগেদারে ভরে গেছে চারিদিক।
সবশেষে স্থায়ী ভালোবাসার অভাবে ,
বদ্ধ ঘরে ঝুলন্ত দেহই তো পাওয়া যাবে !

## = অপসংস্কৃতি =

ভুলে গিয়ে সত্যিকারের প্রেম -প্রীতি ,
গ্রহণ করেছি আজ মোরা অন্যের অপসংস্কৃতি।
বিবাহের যে মিলনটা ছিল আধ্যাত্মিক ,
সেই প্রেমটা আর প্রেম নেই শুধুই শারীরিক।
এই সবই তো দেখছি চারিদিক।
আগে বিবাহ মানে সাত জনমের সাথী।
এখন সম্পর্ক গুলো বদলে যাচ্ছে , কেমন যেন রাতারাতি।
এখন মোরা সবাই গেছি জেনে ,
কিছুতেই পারছি না নিতে মেনে ,
দেখি যখন নোংরামি ,পার্কে কিংবা বাসে - ট্রেনে।
আর এতোটুকু সুযোগ যদি মেলে ,
যাচ্ছে চলে দামি রিসোর্টে কিংবা হোটেলে।
যৌবন শেষ তো নিঃস্ব আবেশ।
তারপর একাকী জীবন আর যন্ত্রণা অসহনীয়।
তবু তোমাদের কাছে ওই অপসংস্কৃতিটাই প্রিয় ?

## = দ্বৈরথ =

কখনও শান্ত , কখনও বা উঠছে ঢেউ ,
মোর মনের সৈকতে।
এই অস্থিরতা দেখতে পাচ্ছেনা কেউ।
মন ব্যাকুল এরূপ দ্বৈরথে।
একটা সত্যি কথা বলবে , মৌ ,
তুমি কি আমাকে ভালোবাস আদৌ ?
নাকি নিছক অবসর বিনোদন।
জানতে চায় মন , কারন ,
হৃদয় যারে করেছে বরন ,
আমি হয়তো খেলার উপকরণ ,
তার কাছে।
প্রতিশ্রুতির মাঝে, হয়তো লুকিয়ে আছে ,
ভবিষ্যতের বেদনা।
মনে থাকলে দ্বিধা, আমায় মায়ায় বেঁধনা।।

# = উল্টো =

নতুন বইয়ের পৃষ্ঠা ছেঁড়া।
ভালো কথার উত্তর টেরা।
আঘাত পেয়েও বেলতলায় নেড়া।
নিমন্ত্রিত অথচ পাতা ছেঁড়া।
ভগ্ন কুটির প্রাচীরে ঘেরা।
অজ্ঞান ব্যাক্তিকে কঠিন জেরা।
আমরা উল্টো পথেই হাঁটতে অভ্যস্ত।
ভাবুন তো কত বড় ভুল মস্ত !
আমরা বোধহয় ব্যতীক্রমেই সুখী।
তাই সদা অনুকূলের বিপরীত মুখী।
সহজ সরলে মন ভরে না।
আর ধাক্কা না খেলে জীবন নড়ে না।।

# = সেই প্রথম দেখায় =

সেদিন দেখেছিলাম তোমায় প্রথমবার।
হালকা আলো, হালকা আঁধার ,
সন্ধ্যার একটু পরে, পূর্ণিমার জোছনায় ,
তুমি এসেছিলে মোর আঙিনায়।
চারিদিকে ঝিঁ ঝিঁ পোকা ডাকছিল।
তোমায় দেখে, অবাক হয়ে, চিৎকার থামিয়ে দিল।
চাঁদও মেঘের আড়ালে মুখ লুকিয়ে নিল।
আমি তোমায় চিনতে না পেরে ,
জিজ্ঞাসিলাম তুমি কে ?
রান্নাঘর থেকে মা কহিল গলা ছেড়ে ,
বাবু, ও নিখিল কাকুর মেয়ে।
সুনীল দাদুর নতুন ভাড়াটিয়ে।
আজ সকালেই এসেছেন বদলি নিয়ে।
মা তোমাকে ঘরে এসে বসতে বলল।
তারপরে বেশ খানিকক্ষণ আমাদের আলাপচারিতা চলল।
তবে মেয়েরা যেহেতু একটু লাজুক স্বভাবের হয় ,
তাই স্বল্প বাক্যে শেষ করিলে প্রথম পরিচয়।
আমার প্রেমের সূচনা কিন্তু সেদিন থেকেই।
ভালোবেসে ফেলেছিলাম তোমায় প্রথমবার দেখেই ।।

# = সময় কী বদলায় ? =

সত্যিই কি সময় বদলায় ?
নাকি মানুষের মন পরিবর্তন চায় ?
পরিস্থিতির কাছে মানুষ আজও অসহায়।
তাই মানুষটি যখন হেরে ,নিজেকে ,
সবকিছু থেকে দূরে রেখে ,
বন্দী করে নেয় ,
তখন সবাই সময়কেই দোষ দেয়।
সময় নিজের নিয়মেই বয়ে চলে ,
পথ তার নয় ভ্রান্ত।
সামঞ্জস্য বিধান করতে পারোনি বলে ,
আজ তুমি ক্লান্ত।
তবে নিজেকে বন্দী করে নিলে ,
আরও শেষ হয়ে যাবে তিলে তিলে।
সময় তো সবাইকে নিয়ে এগিয়ে যেতে চায় ,
তবে তুমি কেন হাল ছেড়ে দিলে ,
জীবনের পথ চলায় ॥

# = সত্যি কথা বলো =

দেখতে দেখতে হয়ে গেল ষোল ,
এবার তো প্রিয়ে খোল ,
তব হৃদয় দুয়ার।
কতদিন বলো অপেক্ষা করবো আর ?
তুমি বলেছিলে সেই বার ,
তুমি নাকি কচি খুকি।
ভালোবাসা তখনও মনে দেয়নি উঁকি।
তুমি তখন সবে সপ্তম শ্রেণীতে।
বাধ্য হয়েছিলাম মেনে নিতে।
কিন্তু এখন তো মাধ্যমিক পাশ।
এখনও কি করবে নিরাশ ?
আজ তোমায় উত্তর দিতেই হবে।
পিছু আমি ছাড়বো তবে।
মাঝ দরিয়ায় আছি ঝুলে।
না এ কূলে, না ও কূলে।
অপেক্ষায় রয়েছি চার বছর ধরে।
আজ বলতেই হবে মোরে ,
তোমার মনে , কী আছে গোপনে।
আমায় ঝুলিয়ে রেখো না অকারনে ॥

# = তবু চিৎকার করা যাবে না =

চারিদিকে খুন- যখম -রাহাজানি ,
শাসক - বিরোধী হানাহানি।
তবু গোপনে করতে হবে কানাকানি।
চিৎকার করে বলার নেই উপায়।
কেউ যদি জানতে চায় ,
বলতে হবে ভালো আছি, সুখে আছি ,
দিব্যি বাঁচিয়া রহিয়াছি।
নকল হাসিটা হাসতে শিখে গিয়াছি।
সবটাই মিথ্যায় ঢাকা।
হৃদয়ে খুব গোপনে আছে রাখা।
বেভুলে যদি প্রকাশ পায় ,
বেঁচে থাকা হবে দায়।
জীবনে ঘন কালো মেঘ যাবে ছায়।
এইভাবেই বেঁচে থাকতে হবে মিথ্যা কথায়।
কারন , ওরা চায় ,
নীরব, ভীরু জনগণ।
তাই এই ভীতি প্রদর্শন ॥

# = তোমায় দিতে পারিনি =

আজ পর্যন্ত দিতে পারিনি তোমায় কোনদিন ,
সুখের রাত্রি যন্ত্রনা বিহীন।
আমি কি স্বার্থপর !
যার সাথে বেঁধেছি ঘর ,
কোনদিন রাখতে চেষ্টা করিনি, তারই মনের খবর।
তুমি কি চেয়েছো ,
কতটুকুই বা আমার কাছ থেকে পেয়েছো ,
তা কোনদিনই ,
আমি ভেবে দেখিনি।
অবশ্যই ভেবে দেখা উচিত ছিল।
কারণ যে মেয়েটি আমাকে স্বামী রূপে মেনে নিল ,
তারে আমি ঠেলে দিলাম আঁধারে ,
তুমি জিজ্ঞেস করেছিলে বারে বারে ,
আমি তোমায় ভালোবাসি কিনা ?
নিরব ছিলাম উত্তর বিনা।
না, আজ অতীত প্রেমকে ভুলে ,
নিজেকে তোমার হাতে দেবো তুলে।
জনি ,এতদিন অনেক দুঃখ পেয়েছ আমার ব্যবহারে।
আজ নিঃস্ব হয়ে এসেছি তোমার দ্বারে ,
গ্রহণ করো আমারে , যদি মন স্বীকারে ।।

# = প্রথম সাক্ষাৎ =

প্রথম দর্শন সেদিনের সেই জলসায় ,
ভরে গেল মন একরাশ মুগ্ধতায় ,
এমনিতে ওই নাচ - গানের বিষয়টা ,
আমার মাথার উপর দিয়ে যায়।
তবে জলসা শেষে পরিচয়টা ,
স্থান করে নিল ঠিক জায়গায়।
অসাধারণ তোমার নৃত্যকলা।
কিন্তু ও সম্পর্কে কিছু বলা ,
সম্ভব নয় আমার পক্ষে।
তবে বেশ দৃষ্টি নন্দন লেগেছিল আমার চক্ষে।
তাইতো দেখা করতে গিয়েছিলাম জলসা শেষে।
খুব সুন্দর লাগছিল তোমায় রাজ নন্দিনীর বেশে।
মনে আছে, তুমি আমায় ঢুকতে দাওনি।
কোন অপরিচিত ব্যক্তির সঙ্গে কথা বলতে চাও নি।
কিন্তু কৌশলে আমার নামটা জেনে নিলে।
কই, তোমার নামটা তো নাহি বললে।
সেদিনের পরিচয় বলতে এইটুকুই ,
তাতেই দেখো, আজ মোরা হয়ে গেছি, এক থেকে দুই।

# = মা, তোমার চোখে অশ্রু যেন নাহি ঝরে =

মা তোমার চোখে অশ্রু যেন নাহি ঝরে ,
যদি আমি আর নাহি ফিরি ঘরে।
তবু তোমার চোখে অশ্রু যেন নাহি ঝরে।
তুমি না বীর শহীদের মা।
যুদ্ধক্ষেত্রে শত্রু পক্ষের গুলি যারে করেনি ক্ষমা ,
তুমি না সেই বীর শহীদের মা।
জানি, আর কোনদিন তোমার কোলে ,
মাথা রেখে শুতে পারবো না ,
মাগো তাই বোলে ,
পিছু হেঁটে আমি হারবো না।
মাগো , আমি থাকবো না তো কি হয়েছে।
আমার ভাই, বন্ধু, দাদা তো রয়েছে।
হ্যাঁ , তোমার এই ছেলে হয়তো রবে না।
কিন্তু এমন মহীয়সী মাতার কোল কভু শূন্য হবে না।
মা গো সর্থক তোমার জন্মদান।
আর সার্থক আমার বলিদান।
তবে কান্না দিয়ে বরণ কেন ?
আমার মৃত্যুতে চোখে জল আসে না যেন।
এই মৃত্যু যে সুখকর।
দেখো বাতি নিভে গেছে তবু আলোকিত ঘর।
মা গো আসবো আবার তোমারই জঠরে ,
তখন না হয় সামলে রেখো মোরে ॥

# = আদিম যুগ আজও বর্তমান =

আদিম যুগে মানুষের মনে একটাই ছিল ভীতি।
তা হলো প্রকৃতি।
তারপরে এল ধর্মীয় বিকৃতি।
আর এখন সেই স্থান দখল করেছে নোংরা রাজনীতি।
কিছুই বদলায় নি।
আসলে ভীরু মানুষ বদলাতে চায়নি।
মাঝে মাঝে কিছু বৈপ্লবিক নেতা জন্মায়।
আর মানুষ, ক্ষণিকের তরে মুক্তি পায়।
আবার যেই কে সেই।
এই ভীরু মানুষের নিস্তার নেই।
মানুষ তখন ছিল প্রকৃতির কাছে,
অথবা ধর্মের বেড়াজালে অসহায়।
আজও মানুষ সেই রূপেই আছে ,
গণতন্ত্রে অরাজনৈতিক অবস্থায়।
শুধু একটাই ভয় , প্রাণের ভয় ,
সেই থেকেই প্রতি পদে পরাজয়।
আদিম থেকে বর্তমান ,
সাধারণ মানুষ কোনদিনই পায়নি পরিত্রাণ।
ভবিষ্যতেও সমাজব্যবস্থা একই রকমই থাকবে।
শাসক শ্রেণী জনতাকে ভয় দেখিয়েই রাখবে।।

# = বুক কেঁপে উঠলো =

তোমার হাত ধরাতে জানি না কেন বুক উঠলো কেঁপে।
না ,তোমার সাথে প্রেমের আগে, নিতে হবে জলটা মেপে।
কারণ, তোমার বাবা যে অনেক ধনী।
সংকেতটা যে ওখানেই অশনি।
দেখছো না, কেউ তোমার পিছনে লাগে না।
তোমারে দেখলে ,কারো মনে কি প্রেম জাগে না ?
জাগে জাগে কিন্তু তার সাথে ভয়ও লাগে।
তাই সবাই সাবধান আগেভাগে।
তোমার বাবা যে বড্ড বেশি অহংকারী।
সদাই মুখ গোমরা , রাশভারি।
এ তল্লাটের সেরা অর্থবান।
প্রেম করলে, কিই যে দেবে তার প্রতিদান !
সেই ভয়েই ভীত সবাই।
আমিও তাই।
চলো , জেনে ফেলার আগে এখান থেকে পালিয়ে যাই।
আমাদের সম্পর্কটা বোধহয় মেনে নেবে না।
একবার যদি জানতে পারে রেহাই দেবে না।
আচ্ছা, তোমার ইচ্ছে হয় না ডানা মেলেতে মুক্ত আকাশে ?
কিংবা তার হাত ধরিতে যে তোমারে ভালোবাসে।
জানি, তোমারও ইচ্ছা হয়।
কিন্তু মনের ভিতরে ডুকরে কাঁদে ভয়।
তোমার বেরসিক বাবাটা বড্ড নির্দয়।
চলো ,দূরে কোথাও পালিয়ে যাই।
নাতো, জানি, তোমার বাবার হাত থেকে নিস্তার নাই।

# = যখন ভেবে দেখলাম =

আজ উপনীত জীবনের পড়ন্ত বেলায় ,
যখন ভেবে দেখলাম, দেখি ,
এ কী !
সবই হারিয়েছি হেলায়।
সুযোগ কিন্তু পেয়েছিলাম মেলায় ,
ভাসতে গিয়ে আনন্দ ভেলায় ,
সবই হারালাম।
সময় থাকতে বুঝিনি সময়ের দাম।
ভিন্ন ছিল পথ চলা।
ফাঁকিবাজি আর ছলাকলা ,
লেখাপড়ায় ছিল না মন।
আসলে বুঝিনি তখন ,
সময়ের দাম।
ভেবে দেখিনি তখন ,
ভবিষ্যৎ পরিনাম।
নিয়মানুবর্তিতা , বিষয়টি ছিল বড়ই বিরক্তিকর।
আজ তাই সংকীর্ণ আমার পরিসর।
কিন্তু এসব কথা, লাভ কি এখন ভেবে।
জীবন কি মোরে আবার সুযোগ দেবে ?

# = ভাগ হয়নি ভাষা =

ওরা নির্বিচারে সবকিছু ভাগ করে দিল -
দেশ, ধর্ম , জাতি।
অসহায় জনতার কিই বা করার ছিল ,
ভাগ হয়ে গেল রাতারাতি।
সীমান্তে পড়িল কাঁটাতার।
এখন আমরা পৃথক জাতি ,
সেথা যাওয়ার নেইকো ছাড়।
ওরা বাঙাল আমরা বাঙালি।
একে অপরের চোখের বালি।
এ কেমন বিভেদ নীতি ?
রাতারাতি উধাও প্রেম প্রীতি।
এখন জ্বলছে , শুধু একটাই আশা।
ওরা সব ভাগ করলেও ,
ভাগ করতে পারেনি বাংলা ভাষা।
ওরা দেশ ভেঙে দেশ গড়েলেও ,
আজও বদলে যায়নি উভয়ের মাতৃভাষা।
জানি, শাসকের ষড়যন্ত্রে মিলনের আশা ক্ষীন।
তবু বুকে আশা , এই ভাষাই মিলাইবে মোদের একদিন ॥

# = বিবেকের দুয়ারে সূর্য অস্তমিত =

একই সাথে পথ চলা ,
তবু কেন এত ছলাকলা ?
প্রকৃতি সৃষ্ট সম প্রজাতি।
তবু পশুর ন্যায় হাতাহাতি।
বাহ্যিকটা পুরোটাই অভিনয়।
মানুষ দিচ্ছে অমানুষের পরিচয়।
লোভ , হিংসা , দুর্নীতি ,
জন্ম হইতেই রক্তে রাজনীতি।
পৃথিবী ঢেকে যাচ্ছে ঘন আঁধারে।
তার দোষ বর্তায় মানুষেরই ঘাড়ে।
তা স্বীকার করো বা নাই করো।
কারণ তোমারাই তো আইন গড়ো ,
বেঁচে থাকার।
তবে কেন আবার ; জীবন বিপন্ন সবার ?
ভালোবাসা ভুলণ্ঠিত।
বিবেকের দুয়ারে সূর্য অস্তমিত।
বিধিও আজ তাই উৎকন্ঠিত ॥

# = চাষীর দুর্গতি =

গোলা ভরা উঠেছে ধান।
তা দেখে হাসছে পরান ,
গাইছে গরীব চাষী।
এবছর, সে আর থাকবে না উপবাসী।
কিন্তু হঠাৎ মনে হইল উদয় ,
গত চাষের দেনার ভয়।
এখনি আসবে হয়তো পিসাচ মহাজন।
কঠিন বাস্তবে ফিরে এসে মন ,
হৃদয়ে অশ্রু ভরায়।
ফলিয়ে ফসল লক্ষ্মীর ধন ,
অভুক্ত এরাই ধরায়।
নিমেষে শূন্য হইবে গোলা।
দুঃখ সে আর যায় কী ভোলা !
আগামী বছরেও হবে একই দশা ,
তবু ছাড়ে না জমিটারে চষা।
জানি না, কী টান চাষের প্রতি !
হবে কবে, এদের সুমতি ?

# = দুঃখের কারণ =

পৃথিবীতে বেশিরভাগ মানুষই দুঃখী।
কারণ লোভটা সবার ঊর্ধ্বমুখী।
ভাবি, করিয়া গঙ্গা স্নান।
পাপ হইতে পেলাম পরিত্রাণ।
উপরে বসিয়া বিধি হাসেন ফিক ফিক ,
তিনি ভাবছেন মর্ত্তবাসী যতই জল-বাতাসা দিক ,
পাপ-পূণ্যের সম্পর্ক যে পারস্পরিক।
ধুয়ে ফেলা যায় না সহজে।
কিন্তু ক'জনে তা বোঝে।
আমরা বুঝি না, আসলে ,
ছলনায় মানুষ ভোলে ,
ভগবান নয়।
তাঁর কাছে কিছু কি গোপন রয় !
বৃথাই চেষ্টা লুকাবার।
কল্পনা সে আষাঢ়।
তুমি আমি কেউ পাবো না পার।
তাই দিনের শেষে এই হাহাকার ।।

# =এপার – ওপার =

একই ভাষা তোমার- আমার মধ্যে কাঁটাতার।
পরিচিতি বাঙালি সবার, তবু হওয়া যাবে না পার।
আকাশ ভাগ হয়েছে , মাঠও হয়ে গেছে ভাগ।
আজও হৃদয়ে বর্তমান ৪৭ এর দাগ।
তবে তোমার-আমার মা, যে ভাষা শিখিয়েছিল।
সেটা কিন্তু ওরা নাহি মিটাইতে পারিল।
দেশ ভেঙে দেশ গড়িলো, ভাই ভাইয়ের সঙ্গ ছাড়িলো।
ওরা কি নাহি জানতো ; আমাদের জন্ম বৃত্তান্ত ?
মায়ের কোল ভাগ করে তবেই হল ক্ষান্ত।
ভাগ হয়েছি আমি-তুমি, ভাগ হয়নি ভাষা।
মুছে দিলো আলো-আশা , ষড়যন্ত্র সর্বনাশা।
তবু কুয়াশা ভেদী সূর্যসম হাসিছে প্রত্যাশা।।

# = একুশে ফেব্রুয়ারি =

হঠাৎ দেখি ঘুম ভেঙে ,
ইতিহাস গেছে রক্তে রেঙে ।
একুশে ফেব্রুয়ারি , শাসকের তরবারি ,
রক্তচক্ষু তারই , ছিঁড়তে চেয়েছিল নাড়ী ।
কিন্তু পারেনি, বুঝলে গিন্নী, ওরা পারেনি ।
ভাষা যোদ্ধারা, কিছুতেই সেদিন হাল ছাড়েনি ,
তাই ওরা পারেনি ,
আমাদেরকে মুছে দিতে ।
বাধ্য হয়েছিল মেনে নিতে ,
অস্তিত্ব আমাদের ।
আজ তাই লেখা আছে প্রতি পাতায় ইতিহাসের ,
সেদিনের সেই রক্তক্ষয়ী একুশের ।
আমরা অভাগা, সামিল থাকতে পারিনি তাঁদের সাথে ,
এই স্বাধীনতা যাঁরা তুলে দিয়ে গেল মোদের হাতে ।।

# = আমার অস্তিত্ব =

যে কথা বলতে শিখিয়েছো ,
সেই কথাই বলছি।
যে পথে চলতে শিখিয়েছো ,
সেই পথেই চলছি।
সেই ছোটবেলায় ,
যা কিছু শিখিয়েছো আমায় ,
আজ শুধু তার বহিঃপ্রকাশ পায় ,
কিছুই যায়নি বদলায়।
তাহলে মা , আমার অস্তিত্ব কোথায় ?
মা গো ভুলে গিয়ে প্রশ্ন করি।
বস্তুত, তুমি ছাড়া যে আমি অচল কড়ি।
তোমাকেই যে কেন্দ্র করি,
আমার জগত সংসার উঠেছে গড়ি।
স্বভাব -চরিত্র, আচার-আচরণ ,
সবিতেই তোমার দেবী রূপে অবতরণ।
মর্ত্তে তুমি যে মোর জীবন্ত প্রতিমা।
তোমার আঁচলই যে মোর অনন্ত সীমা।।

# = কেন প্রিয়ে =

আচ্ছা প্রিয়ে ,
একটা সত্যি কথা বলবে ,
মনে সৎ সাহস নিয়ে ?
তুমি বলেছিলে সারা জীবন একসাথে চলবে।
তবে কেন হঠাৎ যাচ্ছ পিছিয়ে ?
কিসের ভয় ?
দেখতে দেখতে বেশ পুরনো হয়েছে পরিচয়।
তবে হঠাৎ কেন এমন পরিবর্তন ?
সন্দেহের মেঘে ঢাকা পড়ে যাচ্ছে তোমার মন ?
যদি হাত ছেড়ে দাও, আমি করবো না বারণ।
কিন্তু জানতে চাইবো, অবশ্যই তার কারণ।
তুমি হয়তো বলবে কোন অধিকারে।
এতদিন ভালোবেসেছি যারে ,
তারে কি মন একটিও প্রশ্ন করতে নাহি পারে ?
জানি, উত্তর দিতে হয়তো তুমি বাধ্য নও।
কিন্তু বারে বারে জিজ্ঞাসিব যদি নীরব রও ॥

# = রাতের আবেশে =

ভেদ করে নীরবতা, রাতের আবেশে ,
অজানা দেশ হতে এলো ভেসে ,
নুপুরের ধ্বনি , শব্দ রিনিঝিনি।
সেই সুর আমি কি চিনি ?
নাকি মন ছিল অপেক্ষায় ,
তার আসার আশায়।
নিয়ে গেল আমায় ভাসায় ,
সেই মায়াবী স্রোতে।
জানি না, আসছে কোথা হতে।
আমারে কি নিয়ে যাবে সেই উৎসস্থলে ?
সেথায় নাকি স্বপ্ন রঙিন , লোকে সে কথা বলে।
শুভ্র গিরি, তুষারপুঞ্জ।
স্বর্গরাজ্য, মধুকুঞ্জ।
সেথায় নৃত্যরতা অপ্সরা।
ভাবুক মন, চিন্তাটাও হয়তো মন গড়া।
ঘুমিয়ে আছি নাকি জেগে ?
স্বপ্ন দেখছে মন হয়তো বা আবেগে ॥

# = দুঃখের বহিঃপ্রকাশ =

সাগরসম জমে থাকা দুঃখ একরাশ ,
বুকের মধ্যে আছে নিরবে লুকিয়ে।
নির্জনে পড়ে দীর্ঘ নিঃশ্বাস ,
জনসমক্ষে অশ্রুধারা যায় শুকিয়ে।
কারণ সবকিছু করা যায় না প্রকাশ।
মাঝে মাঝে নির্জন লাগে তাই চারিপাশ।
চেতনা এড়িয়ে যায় পাখির কলকাকলি।
শূন্য লাগে ভিড়ে ঠাসা গলি।
মনের হাহাকার -আর্তনাদ ,
আর মরে যাওয়া মনের সকল সাধ ,
বারে বারে ভাঙতে চাইছে গোপনীয়তার বাঁধ।
কিন্তু ভাঙতে দিইনি, আরও শক্ত করে রেখেছি ধরে।
ভিতরটা ভাঙতে ভাঙতে শেষ করে দিয়েছে মোরে।
কিছু যেন না বুঝতে পারে বাইরের লোক।
তাই আমার এই দুটি উদাসীন চোখ ,
ভিড়ের মাঝে লুকোতে চেষ্টা করি।
আর লজ্জা বোধ সেজেছে তারই প্রহরী।

# = শোষক-শোষিত প্রথা =

হাহাকার লেগে গেছে দেশে দেশে।
শত্রু এসে হাজির দুয়ারে,ছদ্মবেশে।
একদিকে মূল্য বৃদ্ধিতে মানুষ নাজেহাল ,
অন্যদিকে ডানপন্থী বুর্জোয়া ,
নীতি আজও রয়েছে বহাল।
সর্বহারার সব গেছে খোয়া।
এখন অসহনীয় দারিদ্রতা।
চলছে শোষণ-নিপিড়ন শাসকের নির্মমতা।
এক শ্রেণী সমাজের বুকে ছুটছে দাপিয়ে।
আর অন্য শ্রেণী বোঝার ভারে পড়েছে হাঁপিয়ে।
হিংস্রতায় মানুষ গেছে পশুকেও ছাপিয়ে।
কই কাউকে তো দেখছি না, ভোগিতে পাপের ফল।
ঐ তো দিব্যি আছে, ওই অত্যাচারীর দল।
ওই সমস্ত ধর্মোপদেশের কি আছে বাস্তবতা ?
মনে হয়, সবই মিথ্যা কথা ,
শুধুই সান্ত্বনা দিতে অযথা।
যদি ঘুচে যায় গরিবের সততা ,
তাহলে যে মুছে যাবে এই শোষক -শোষিত প্রথা।।

# = সরকারি কর্মী =

চল ভাই চল্, চল্ যাই ঘরে।
তুই তো এমন ভাব দেখাচ্ছিস ,
যেন আমরা কাজ করি বেসরকারি দপ্তরে।
বেকার বেকার চাপ নিস ,
আরে ভাই, আমরা যে সরকারি চাকুরে।
এই তো ডি. এর দশা।
তবে কেন বন্ধ্যা জমিতে বেকার লাঙল চষা।
এই যে অফিসে আসছি প্রতিনিয়ত ,
এটাই বড়ো ব্যাপার।
তবু যদি পুরো বেতনটা দিত ,
ভেবে দেখতাম একটিবার।
এই বেতনে এর বেশী মোটেই নয় আর
বেতন যেটুকু পাই ভিক্ষার ,
খরচ আসা - যাওয়ার।
হারিয়েছে শাসক সেই অধিকার ,
কাজের হিসাব চাওয়ার ॥

# = সবাই ভাবে =

সবাই ভাবে, আমি সরকারি চাকুরে ,
শুয়ে আছি বোধহয়, টাকার চূড়ে।
কিন্তু বিশ্বাস কর, ঐ চলে যাচ্ছে খেয়ে পোরে।
বিশেষ কিছুই করতে পারিনি এই এগারোটি বছরে।
সব মিলিয়ে হাজার পঞ্চাশেক টাকা ,
রোগভোগের জন্য ব্যাঙ্কে আছে রাখা।
গাড়ী বলতে একখানা দুইচাকা।
ছোটখাঁটো বাড়ী, নয় রাজপ্রাসাদ।
মাত্র চারশো বর্গফুটের ছাদ।
মেটাতে গিয়ে এইটুকু সাধ ,
জীবন থেকে অনেক কিছুই দিতে হয়েছে বাদ।
তবে টুকটুক করে যেটুকু করছি সঞ্চয় ,
সেটা নিশ্চয় পাহাড় সম নয়।
অনেক কষ্টে রোধিয়াছি অপচয় ,
তবেই না মরুতে স্রোত বয়।
তোমার যতটা ভাবো ততটা নয়।
আরে , নিম্ন মধ্যবিত্ত আমারও পরিচয় ॥

# = ভালোবাসে =

মেয়ে আমার ভালোবাসে, নানান ছবি আঁকতে।
ভেসে যায় জলে হাঁস, ডাকতে ডাকতে।
বাঘ - সিংহ - হাতি - ঘোড়া ;
থালা -বাসন -শীল - নোড়া ;
পাহাড় - পর্বত - সূর্য - তারা ;
গাছ গাছালি তৃণচারা ,
আঁকে আরও কত কিছু।
যেমন মেঠো পথ উঁচু - নীচু।
কিংবা মায়ের সঙ্গে ফচকে ছোঁড়া ,
আঁকে ভালো আগাগোড়া।
লেখাপড়া না হয় হোক।
আঁকায় যখন আছে ঝোঁক ,
বলি , ওটাই নিয়েই থাক।
এর মাঝেও স্বপ্ন দেখি, আমি এক ঝাঁক ।।

## = বিশ্রাম দেয় না =

ওরা কিছুতেই , বিশ্রাম নিতে দেয় না আমাকে।
দিবারাত্র সর্বক্ষণ আমায় যে ডাকে।
যখনই একটু ভাবলেশহীন ভাবে বসে থাকি ,
অমনি শুরু করে দেয় ডাকাডাকি।
কখনও আকাশ হতে ,
কখনও নদীর স্রোতে ,
কখনও অরণ্য মাঝে ,
আমার মন রাঙাতে হাজির ওরা ,
নিত্যনতুন সাজে।
সদাই এসে হাজির ওরা ,
আমার সকল কাজে।
হাজির যখন ছন্দরাজি ,
ক্ষ্যাপা বাউল তখন সাজি ,
কিংবা উদাস মাঝি।
হারিয়ে যাওয়া এক মনে ,
দূর দিগন্তে শুধু দুজনে।

# = ধীরে ধীরে পরিবর্তন =

বাড়ছে বয়েস ধীরে ধীরে।
উড়ছে না আর নদী তীরে।
মন ধাবিত মন্দিরে।
শীতল রক্ত ; দেব ভক্ত ;
ধর্ম কর্মে হচ্ছি আসক্ত।
অনেক কিছুই এখন বিবেকে বাধে।
কারণ সেই জোর নেই যে কাঁধে।
কমে গেছে, কাজ যত ভুলভাল।
পরিবর্তিত জীবনের সুরতাল।
চড়াই উতরাই পেরিয়ে আজ খানিকটা সমতলে।
তাই আমিও নাম লিখিয়েছি,
ওই সংযমীদের দলে।
অনেক কিছুই পাল্টে নিয়েছি ,
নিজে থেকে।
কি লাভ বলো বয়স ঢেকে ,
মুখেতে রঙ মেখে !
বয়োবৃদ্ধি এবং পরিবর্তন ,
এ যে অবশ্যম্ভাবী।
লুকালে কি মানে মন ,
চির সবুজের দাবি ।।

## ** নমস্কার **

www.ingramcontent.com/pod-product-compliance
Ingram Content Group UK Ltd.
Pitfield, Milton Keynes, MK11 3LW, UK
UKHW021656190726
13853UKWH00001B/295

9 798889 868583